뮤직코노믹스
Musiconomics

뮤직코노믹스
Musiconomics

지인엽 지음

동국대학교출판부

머리말

오랫동안 음악을 공부하고 연주하는 데에 열중하다 보니, 음악도 경제학의 연구 대상이라 것을 뒤늦게 깨달았다. 후회가 막심해 선배 경제학자들이 일구어 놓은 음악 시장 연구를 공부하기 시작했고, 이 책은 그 결과물의 순한 맛 버전이다. 많은 사람이 경제학을 어려워 한다. 학습자의 노력이 부족해서가 아니라 경제학 본연의 기술성 때문에 배우기 어려운 학문이기 때문이다. 그래서 이 책은 딱딱한 수리적 설명 없이 사례와 직관 위주로 기술했다. 동시에 음악 산업에 발생한 변화를 일회적으로 소개하는 데에 그치지 않고, 시장, 정부, 경제 성장, 금융 등의 개념과 연결하여 경제학을 체계적·종합적으로 이해할 수 있도록 구성하였다. 음악 산업에 대한 기초적 이해가 필요하거나 부담 없이 경제학 입문서나 교양서를 읽고 싶은 분들에게 권한다.

집필 과정에서 궂은일을 도맡아준 동국대 이승호 조교와 이가연 조교에게 감사의 마음을 전한다. 특히 이가연 조교는 빼어난 글 솜씨와 꼼꼼함을 발휘하여 원고를 개선하는 데에 큰 역할을 해주었다. 촉박한 출판 일정에도 항상 밝고 친절한 에너지로 부족한 원고를 마무리해주신 동국대 출판부 김정은 차장님께도 감사의 인사를 남기고 싶다. 마지막으로, 평생 오로지 자식을 위해 헌신하신 나의 영웅 어머께 이 책을 바치며 머리말을 마친다.

동국대학교 경제학과 지인엽

차례

머리말

chapter 1
음악과 경제

- 011   1. 음악과 자본주의
- 015   2. 17~19세기 작곡 시장의 진화
- 019   3. 현대 뮤지션들의 몸값
- 021   4. 경제사 속의 음악 장르

chapter 2
음악 수요·공급과 시장

- 049   1. 왜 콘서트 티켓 가격은 지역마다 다를까?
- 058   2. 코로나 팬데믹과 음악 소비
- 061   3. 비싸지더라도 계속 듣겠습니까?

chapter 3
음악 생산

- 063   1. 음악 생산의 이윤극대화
- 067   2. 뮤지션의 생존매뉴얼

070	3. 음악 시장의 슈퍼스타 독식 가설
075	4. 빌보드 차트에서 어떤 곡이 대박 날까?
077	5. 라이브 공연과 가격차별
081	6. 가수들이 라이브 공연 티켓의 가격을 충분히 차별하지 않는 이유?

chapter 4
음악 시장과 제도

088	1. 지식재산권이 음악 시장에 미치는 영향
091	2. 불법 음원 복제, 꼭 막는 것이 좋을까?
094	3. 음악 저작권 보호, 무조건 강화해야 할까?
096	4. 저작권은 얼마나 오래 보호해줘야 할까?
098	5. 문화예술과 정부 개입
102	6. 예술, 가치재인가? 공공재인가?
104	7. 정보의 비대칭성과 중고기타(Second-hand Guitar) 시장
112	8. 360-Degree Deal과 정보의 비대칭성
114	9. Video Killed the Radio Star
116	10. 표절의 경제학

chapter 5
음악 산업과 경제 성과

120	1. 공연 산업은 경제에 얼마나 기여할까?
124	2. 소비자 잉여: GDP에 포착되지 않는 스트리밍 서비스의 후생 효과
128	3. 카니예 웨스트 vs 모차르트, 당신의 선택은?
132	4. 예술은 경제 성장을 촉진할까?

141	5. 창조력 확산과 스승의 역할
143	6. 내슈빌에서 뉴욕으로
146	7. 법정 음악 저작권료가 물가만큼 오르지 않는다면?

chapter 6
예술 노동 시장

151	1. 어떤 예술인의 실업률이 낮을까?
156	2. 예술과 인종 불평등
158	3. 동료효과를 노리자
159	4. 모차르트는 행복했을까?

chapter 7
음악 산업과 금융

161	1. 데이비드 보위 채권
166	2. 보위 채권만 있냐? 에미넴 주식도 있다
168	3. 블록버스터 스타들의 저작권 매도 러쉬
171	4. 음악과 투자심리

chapter 8
음악과 개방경제

176	1. 우리는 해외 음악에 종속되어 있을까?
181	2. 외환 거래를 할 때 우울한 음악을 듣자

chapter 01

음악과 경제

1. 음악과 자본주의

이 책의 제목만 보고 "음악과 경제가 대체 무슨 관련이 있을까?"라는 의문이 들 수 있다. 하지만 우리의 삶은 자본주의의 원동력인 '시장'과 뗄 수 없는 관계에 놓여 있고, 우리 삶의 일부인 음악도 시장에서 거래되는 상품이므로 음악은 경제와 밀접한 관련이 있다.

여느 시장과 다름없이 음악시장도 경제 발전의 흐름 속에 성장하였다. 18세기 바로크시대 독일의 작곡가 요한 세바스챤 바흐의 음악은 당시 시장에서 경제적 가치를 얼마나 평가받았을까? 실상 바흐는 기껏해야 오르간 주자로 왕족과 귀족들에게 보수를 받거나 작곡, 레슨, 행사 연주로 생계를 유지했다. 물론 생업을 위한 그의 경제 활동은 현대 뮤지션들의 그것과 다를 바 없으나, 당대 최고의 작곡가 중 한 사람이었던 그가 음악 시장에서 받은 보상은 지금 유명 작곡가들이 누리는 부에 비하면 초라하기 그지없다. 바흐가 독일 라이프치히에서 음악을 가르치던 시절 친구와 교환했던 서신에는 라이프치히의 생활비가 너무 비싸다며 불평을 늘어놓은

[사진 1] 전설적인 카스트라토 가수 파리넬리 (출처: 위키피디아)

기록도 남아 있다. 바흐가 사망한 뒤, 그의 미망인이 생활고 때문에 라이프치히 시청에 지원금을 요청하기도 했다고 한다.

반면, 영화 '파리넬리'의 실제 인물인 이탈리아 성악가 파리넬리는 유럽 전역을 무대로 활동하며 부와 명성을 누렸다고 하니, 그처럼 상업적 성공을 거둔 음악가들도 있었을 것이다. 그러나 파리넬리조차 항상 사정이 좋은 것은 아니었다. 아버지를 일찍 여읜 탓에 닥친 생활고를 헤쳐나가기 위해 성 중성화까지 감내하며 '카스트라토(Castrato, 여성의 소프라노 음을 내는 남성 가수)'가 되었고, 시즌당 1,500 파운드에서 5,000 파운드가량의 높은 오페라 출연료를 받다가도 관객 수가 적을 때는 50 파운드로 턱없이 낮아진 출연료를 받기도 했다.

바흐나 파리넬리의 예에서 보듯, 어떤 기준으로 보더라도 근세의 음악은 현대의 스타 연주자나 작곡가에 비하면 지금과 같은 큰 부를 가져다주는 상품은 아니었다. 그러다 18세기 후반에 지적 재산권[1]을 보호하는 장치가 마련되는데, 이것이 '기술혁신'에 대한 '경제적 보상'이라는 강력한 유인으로 작동하게 된다. 그 결과로 산업혁명이 일어나, 녹음기술과 통신기술이 발전하면서 음악이 산업화될 수 있는 여건이 조성되기 시작했다. 그러나 이 변화마저도 20세기가 되어서야 의미 있는 효과를 발휘하기 시작했다. 19세기까지만 해도 〈오 수재나〉, 〈켄터키 옛집〉, 〈스와니 강〉 등

---

1 17~18세기 음악 대부분이 지적 재산권 보호 대상이 아니므로 현재 수많은 곡이 별도의 비용 없이 공연이나 리메이크를 위해 활용되고 있다.

쉬·어·가·기

17세기 클래식: 요한 파헬벨의 〈캐논 D장조〉

〈캐논 D장조〉로 우리에게 익숙한 요한 파헬벨은 바흐와 동시대를 살았던 독일 작곡가이자 오르간 연주자다. 〈캐논 D장조〉는 파헬벨이 요한 세바스챤 바흐의 아들 요한 크리스토퍼의 결혼식 축가로 만든 곡이라고 추측될 정도로 파헬벨은 바흐의 가까운 친구였고 파헬벨은 요한 크리스토퍼에게 음악을 가르치기도 했다.

[사진 2] 요한 파헬벨 (출처: 위키피디아)

캐논은 돌림노래처럼 멜로디를 여러 악기로 화성 진행에 맞추어 모방하면서 연주하는 악곡 형식이다. 원곡이 정확히 언제 만들어졌는지 알려지지 않았으나, 원곡 악보는 세 대의 바이올린과 바순 한 대로 구성된다.

을 작곡하여 '미국 음악의 아버지'로 불린 스티븐 포스터와 같이 당대를 대표하는 음악가들조차 그렇게 많은 돈을 벌지 못했다고 한다.

경제사적으로 유럽의 17~18세기는 '중상주의' 시대였는데, 중상주의자들은 수출을 극대화하고 수입을 극소화하여 자유로운 무역을 제한함으로써 국가의 부를 늘릴 수 있다고 믿었다. 쉽게 말해 '내 상품은 많이 팔되, 필요하더라도 남의 것은 가급적 사지 않는 것이 최선'이라는, 지금 보면 매우 근시안적이고 무지한 발상이었다. 그리고 이들은 금과 같은 귀금속을 부의 척도로 보았기 때문에, 당시 유럽 국가들은 금 확보를 위해 전쟁을 일삼았고 진 세계는 식민전쟁으로 몸살을 잃게 되있다. 지속적인 전쟁으로도 영국, 스페인, 프랑스 등 제국주의 국가들의 부는 영구히 늘어날 수 없었다. 이는 중상주의와 식민주의 실현을 통해 단기적으로 부를 축적하는 것은 가능했으나, 장기적으로 자원을 효율적으로 사용할 수는 없었기 때문이다. 특히 식민주의를 통한 이익을 왕권을 중심으로 한 정치·경제 권력자들이 독점했기 때문에, 농노처럼 경제활동에 있어 노력한 만큼 보상받지 못한 사람들은 생산활동에 적극적으로 참여하지 않았다.

이런 폐단을 비판한 사람이 바로 '경제학의 아버지'로 불리는 '애덤 스미스'다. 스코틀랜드 에든버러 대학의 교수였던 애덤 스미스는 자유로운 거래와 교역의 활성화를 통한 '자유시장경제(free market economy)'가 필요하다고 역설했다. 그는 인간에게 자기 이익을 추구하는 본성이 있으므로, 자유로운 거래를 허용하면 각자 이익이 되는 거래를 조화롭게 해 나갈 것이라고 주장했으며, 이 주장은 세간에 익히 알려진 '보이지 않는 손(the invisible hand)'이라는 은유로 표현된다. 그리고 이 상호작용이 일어나는 곳(또는 무형의 사회구조)이 바로 '시장(market)'이다. 또한 애덤 스미스는 자유로운 거래가 허용되면 사람들 간에 이익을 추구하기 위한 경쟁이 일어나고, 이익 극대화를 위한 분업, 전문화, 발명, 혁신 등으로 생산성이 향상되어 국부가 증가한다고 주장했다. 이에 더하여, 그는 국가나 기업에 의한 독점과 담합 행위를 비판하였다. 이러한 그의 주장들을 집대성한 책이 오늘날 자유방임주의를 표방한 최초의 경제학 저서로 알려진 『국부론』이다. 애덤 스미스의 생각은 이후 자본주의 형성에 지대한 영향을 미쳤으며

[사진 3] 스코틀랜드 에든버러에 세워진 애덤 스미스의 동상 (출처: pixabay)

우리가 매일 경험하는 현대 경제도 그의 사상에 근거한 것이다.[2]

 18~19세기 초기자본주의는 수많은 수정을 거친 후 20세기에 들어 현대자본주의로 자리 잡았는데, 음악이 20세기에 와서야 산업화된 것도 같은 맥락에서 이해할 수 있다.[3] 17~19세기의 중상주의 체제에서는 빵과 옷 등 생필품에 비해 음악이 상품으로서 자유롭게 거래될 수 있는 시장이 형성되지 않았거나, 있었다 하더라도 (민속음악을 제외하고) 소수 상류층에서만 소비되어 매우 협소했을 것이다. 20세기 후반, 녹음·녹화 기술이 비약적으로 발전하여 음악을 쉽게 복제할 수 있게 된 이후에야 음악은 비로소 전 세계적으로 거래되기 시작했다. 자연스레 음악에 대한 지적 재산권 인식과 집행도 강화되어 자신이 작곡하거나 연주한 곡이 유명해지면 큰 부를 쌓을 수 있게 되었다.

2. 17~19세기 작곡 시장의 진화

 '뮤지션(musician)'이라고 하면 회사에 고용되어 임금을 받고 노동을 제공하는 근로자보다는 '프리랜서(freelancer)'를 떠올리게 된다. 프리랜서는

---

2 자본주의라는 용어 때문에 경제학을 자본편향적인 것으로 오해해서는 안 된다. 경제학은 노동과 자본에 대해 가치 중립적인 견해를 취한다. 역사적으로 자본이 국가를 매수한 경우나 중국처럼 자본이 국가와 결합한 '국가자본주의'의 출현을 볼 수 있는데, 이런 현상은 시장을 통한 자유로운 거래를 강조한 애덤 스미스의 주장과 무관하다.

3 초기자본주의가 초래한 문제점들 때문에 자본주의는 수십 년간 공산주의·사회주의와 체제경쟁이라는 대가를 치렀고 혈투 끝에 승리하고 나서야 겨우 판정승을 얻었다. 우리가 경험하는 오늘날의 자본주의도 애덤 스미스가 머릿속에 그렸던 이상적인 자본주의는 아니다. 이상적인 자본주의는 모든 거래 참여자가 기여한 만큼 가져가는 공정하고 경쟁적인 시장이 이끄는 체제이다. 그리고 여기서 공정하다는 것은 경쟁적인 시장에 의해 상품의 가치가 결정된다는 뜻이다. 국가간 빈부격차해소를 위한, 혹은 소외된 생산자들을 위한 '공정무역'에서처럼 정책적인 의미의 공정은 아니다.

필요에 따라 특정한 기술이나 능력을 제공하는 개인 사업자다. 기록에 따르면 음악 프리랜서는 르네상스시대 이후 클래식 음악가에 기원을 둔다. 15세기 중세시대가 막을 내리고 문화가 융성했던 르네상스시대가 16세기까지 지속되었는데, 이때까지만 해도 음악은 교회, 왕족, 귀족의 전유물이었다. 그러다가 18세기 후반 자본주의 태동과 산업혁명 촉발로 유럽 경제가 부흥하면서 중산층의 형성에 따라 음악 수요가 폭발적으로 증가하였다. 음악을 향유할 수 없었던 사람들도 경제적 형편이 나아짐에 따라 음악을 듣고 배우고 연주할 기회를 누리기 시작했는데, 이것은 음악 시장에 결정적 영향을 준 중요한 변화로 꼽힌다. 우리에게 친숙한 비발디(1678~1741), 바흐(1685~1750), 헨델(1685~1759)도 이 시대적 변화 속에 이름을 남긴 음악가들이다.

 17~18세기에 활동했던 이들은 주로 교회의 전속 작곡가나 왕족·귀족을 위한 계약 작곡가로 일했다. 가톨릭교회 신부였던 비발디의 전업은 이탈리아 베네치아의 수도원에서 고아들에게 음악을 가르치는 일이었다. 그는 여유 시간이 많은 성직자라는 직업 덕분에 프리랜서로 오페라를 작곡하거나 제작자를 맡아 부수입을 올렸다. 그 당시 이탈리아에서 오페라는 오늘날 TV 채널, 영화, 스포츠 경기 같은 주요 여흥거리였다. 1700년에 베네치아에만 오페라 극장이 여섯 개가 있을 정도로 이탈리아인들은 일찍부터 오페라를 즐기기 시작했다. 이는 마치 잠실 야구장이나 상암 축구장 같은 공연장이 여섯 개가 있는 것과 비슷한데 그 당시 베네치아 지역 규모에 비하면 매우 큰 숫자다. 그러나 교회가 비발디 자신의 오페라를 직접 제작하는 것을 금지하는 바람에 오페라가 흥행에 실패하여 큰 빚을 지게 되는 등 여러 경제적인 이유로 결국 가난하게 생을 마감했다.

 바흐는 음악적으로 비발디에게 매우 큰 영향을 받았다. 바흐가 활동하던 시절은 종교개혁이 일어나 독일에 개신교가 생겨난 때였다. 바흐의 전업은 개신교 교회의 오르간 연주자와 합창장이었다. 이외에 음악 교습을

하기도 하고 상류층으로부터 작곡을 청탁받거나 새 오르간이 설치될 때 악기를 검수하는 일을 했다. 바흐 또한 비발디와 마찬가지로 빈곤을 겪다가 세상을 떠났다.

반면 헨델은 상업적으로 성공한 음악가였다. 상류층에 경제적으로 속박되는 것이 달갑지 않았던 그는 독일인임에도 영국 런던으로 이주하여 작곡가와 공연 제작자로 일했다. 그는 박해받던 유태인들의 삶을 그린 'Judas Maccabeus'라는 작품이 흥행에 성공하면서 큰 부를 축적하게 되었으며, 사망할 때 그의 장례식이 웨스트민스터 사원에서 치러질 정도로 존경받았다.

비발디, 바흐, 헨델이 사망할 때쯤 오스트리아에 태어난 모차르트(1756~1791)는 역사상 최초의 전업 프리랜서 작곡가였다. 모차르트는 어릴 때부터 이전 세대 작곡가들과 달리 아름다운 멜로디에 즉흥연주와 기교를 많이 사용하여 대중성까지 거머쥐는 천재 음악가였다. 그는 잘츠부르크에서 궁정 음악가로 일했는데, 보수가 만족스럽지 않아 독일의 다른 지역과 프랑스 파리까지 가서 일을 찾았다. 그가 구직을 멈추지 않았던 또 다른 이유는 모차르트가 잘츠부르크에 오기 전에 이탈리아에서 여러 편의 오페라를 작곡하여 성공시킨 경험이 있었기 때문으로 추측된다. 모차르트는 높아진 인기로 인해 작곡 의뢰가 쇄도하자 사치스러운 생활을 즐기기도 했다. 모차르트가 활동한 시기(1700년대 후반)는 유럽 경제가 팽창하며 음악이 왕족이나 귀족을 위한 사치품에서 자유로운 거래 상품으로 전환하던 때였다. 따라서 서서히 프리랜서 음악 시장이 형성되어 재능을 가진 음악가들이 생계를 유지할 수 있게 되었다. 애덤 스미스의 『국부론』이 1776년에 출판됐으므로, 비슷한 시기에 애덤 스미스는 스코틀랜드에서 '자유로운 거래와 시장'이라는 개념에 골몰하고 있었던 것으로 보인다. 1700년대 프리랜서 음악 시상과 시상경세 철학의 태동, 그리고 1760년 시작된 산업혁명, 1700년대 후반은 운명적인 역사의 교차점이다.

쉬·어·가·기

바흐의 〈무반주 첼로 모음곡 1번 G장조〉와 비발디의 〈사계〉

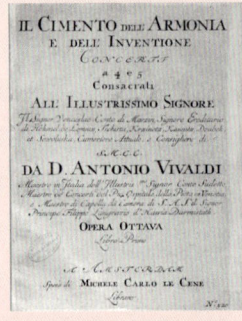

[사진 4] 〈사계〉가 포함된 악보집의 표 (출처: 위키피디아)

〈무반주 첼로 모음곡 1번 G장조〉는 바흐의 작품 중 가장 많이 알려진 곡 중 하나다. 기교, 호소력, 풍부한 감정적 표현 등이 작품의 특징이다. 이 모음곡은 20세기 전반까지 빛을 보지 못하였으나 역사상 최고의 첼리스트 중 한 명으로 평가받는 파블로 카살스가 노년에 연주한 것이 계기가 되어 세상에 알려졌다. 이마저도 1889년 카살스가 열세 살 소년이었을 때 바르셀로나의 한 헌책방에서 악보를 발견하고 연습용으로 연주한 후 50여 년이 지나서야 처음 녹음되었다. 오늘날 유명 첼리스트들이 한 번쯤은 연주하는 이 명곡은 그가 아니었다면 영영 잊혀질 운명이었다.

봄, 여름, 가을, 겨울 네 곡으로 구성된 〈사계〉는 비발디의 대표곡 중 하나다. 이 작품은 당시 음악적 기준에서 대단히 혁명적이었다. 개울이 흐르는 모습, 새들의 지저귐, 양치기견의 짖음, 술에 취한 댄서, 사냥꾼들의 수렵, 얼어붙은 풍경, 모닥불 등을 묘사했고 계절마다 '소네트'라 불리는 짧은 시가 붙어 있다. 이 시들은 작자 미상인데, 일설에 의하면 비발디가 작곡했다는 주장도 있지만 확인된 사실은 아니다.

3. 현대 뮤지션들의 몸값

출처마다 통계가 조금씩 달라서 〈표 1〉의 순위가 스타 뮤지션들의 모든 수입을 완벽하게 나타낸다고 볼 수는 없지만, 이들의 몸값이 어느 정도인지 대략 가늠해볼 수 있다. 뮤지션들의 수입원은 크게 공연 판매 수입, 저작권료, 굿즈 판매 수입, 강의, 광고료 등인데, 뮤지션마다 특성이 상이하므로 수입 비중도 다르다. 2021년 1위는 비욘세의 남편으로 아내보다 더 큰 명성을 얻고 있는 래퍼 Jay Z로, 무려 140억 달러의 수입을 기록하였다. 2위는 비틀즈 멤버인 폴 매카트니며, 수입은 128억 달러이다. 역시 비틀즈 멤버인 링고 스타는 13위에 올랐다. 여자 가수 중에는 7위에 등극한 마돈나와 16위인 레이디 가가가 있다. 컨트리 가수 지미 버펫(11위), 〈오 캐롤〉이라는 노래로 유명한 팝 가수 닐 세다카(17위) 등 원로 가수들도 순위에 들었다. 이 순위에는 래퍼나 록 뮤지션들이 상대적으로 많지만, 앤드류 로이드 웨버 같은 뮤지컬 작곡가와 더불어 팝, 컨트리, 라틴 재즈(허브 앨퍼트) 뮤지션들도 포진되어 있어 다양한 음악 수요가 반영됨을 알 수 있다. 국가별로 보면 영국이 가장 많고 미국이 그 뒤를 따르고 있어 문화 강국 영국의 건재함이 드러난다. 비 영미권 뮤지션은 〈표 1〉에 표기하지 않았으나 독일 출신의 영화음악 작곡가 한스 짐머와 프랑스 전자음악가 다프트 펑크가 있고, 100위권 안에 든 동양 뮤지션은 일본 가수 아유미 하마사키가 유일하다.

순위	이름	순가치	나이	국적
1	Jay Z	$1.4 Billion	51	USA
2	Paul McCartney	$1.28 Billion	78	UK
3	Andrew Lloyd Webber	$1.2 Billion	73	UK
4	Herb Alpert	$850 Million	86	USA
5	Sean Combs – Diddy	$825 Million	51	USA
6	Dr. Dre	$800 Million	54	USA
7	Madonna	$580 Million	62	USA
8	Emilio Estefan	$500 Million	68	USA
9	Elton John	$480 Million	74	UK
10	Coldplay	$475 Million	N/A	UK
11	Jimmy Buffett	$430 Million	73	USA
12	Mick Jagger	$360 Million	77	UK
13	Ringo Starr	$350 Million	79	UK
14	Bruce Springsteen	$345 Million	71	USA
15	Keith Richards	$340 Million	77	UK
16	Lady Gaga	$320 Million	35	USA
17	Neil Sedaka	$300 Million	80	USA
18	Gene Simmons	$300 Million	71	USA
19	Jon Bon Jovi	$300 Million	59	USA
20	Sting	$300 Million	68	UK
21	L.A. Reid	$300 Million	64	USA
22	Dhani Harrison	$275 Million	42	UK
23	Roger Waters	$270 Million	77	UK
24	Phil Collins	$260 Million	70	UK
25	Don Henley	$250 Million	73	USA

〈표 1〉 2021년 생존하는 뮤지션들의 몸값 순위 1위~25위 (출처: therichest.com / 저자 가공)

쉬·어·가·기

힙합(Hip Hop)의 아버지 허비 핸콕

래퍼 Jay Z가 몸값 1위로 등극한 것은 힙합이 음악 시장의 주류 장르로 자리매김했음을 시사한다. 힙합은 1970년대 미국 뉴욕에서 아프리카계, 캐리비안계 흑인들과 히스패닉계 이민자들 사이에 유행하던 리듬 위주의 음악에 기원한다. 그런데 힙합의 대중화에 결정적인 역할을 한 뮤지션은 허비 핸콕이라는 재즈 피아니스트다. 그는 대학에서 음악과 전자공학을 전공했고, 쿨재즈 장르의 대가 마일스 데이비스와 오랫동안 협연한 재즈계의 거장이다. 1983년에는 변화를 모색하고 추구하는 재즈 뮤지션답게 전자음악과 비트를 재즈에 접목하는 시도로 〈Rockit〉이라는 곡을 발표했는데, 이 곡은 상업적인 성공을 거두었다. 또한 〈Rockit〉은 힙합이 주류 음악시장으로 진입하는 계기를 만들었다는 역사적 평가를 받고 있다. 이 공로를 기려 래퍼 스눕독은 2013년 허비 핸콕을 위해 열린 케네디 센터 헌정 공연에서 "허비, 힙합을 창조해줘서 너무나 고마워요!"라고 외쳤다. 허비 핸콕은 2012년부터 후학 양성을 위해 UCLA(University of California Los Angeles) 음대 교수로 재직하고 있다.

4. 경제사 속의 음악 장르

18세기 자본주의가 태동하고 발전하면서 20세기 무렵부터 음악도 산업으로 인정받기 시작했고, 다양한 음악 장르가 출연하고 소멸하기도 했다. 음악 장르는 클래식부터 랩까지 수많은 종류로 분류되는데, 범위를 20세기 이후 대중음악으로 좁혀 보면 먼저 미국에서 형성된 블루스(Blues)와 재즈를 꼽을 수 있다. 흑인음악이 블루스와 재즈의 기원이라고 알려졌지만 이는 음악사학자나 민속학자들 사이에서 여전히 논쟁거리다. 그러나 이 장르들의 기원이 무엇이든 간에 아프리카 흑인들이 북미대륙에 노예로 유입되면서 블루스와 재즈 형성에 영향을 준 것은 분명하다. 블루스와 재즈는 이후 등장한 로큰롤, 록, 펑크, 헤비메탈, R&B(Rhythm and Blues), 랩 등의 장르에 영향을 주었다.

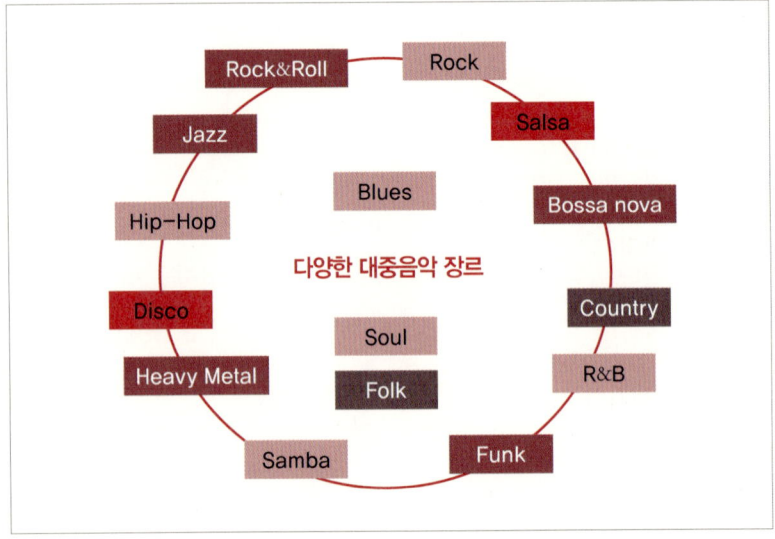

[그림 1] 다양한 대중음악 장르, (출처: 이창구 (2017), 「문화적 혼종성 관점으로 본 대중음악 연구-아메리카 대륙의 문화 융합을 중심으로-」 예술인문사회 융합 멀티미디어 논문지, 7(11), 795-802, 저자 가공)

1600년대 ~ 1865년 : 노예제도 철폐 이전

흑인 노예들은 17세기부터 꾸준히 북미로 유입되기 시작하여 1760년대에 약 25만 명에 이르게 되었다. 이 중 80% 이상이 남부에 거주하며 면화 재배 노동자가 되었다. 흑인 노예들은 노동 현장에서 백인들에 비해 차별적인 대우를 받았고, 그들의 음악은 백인들에게 아래와 같이 폄하되기도 했다.[4]

"아프리카의 음악은 우리 서구 음악과 같지 않다. 그들 악기에서 나오는 음악은 이상하고 낯선 대상이다. 아프리카인들은 유럽 사람들이 듣는 것과 다른 방식으로 듣는다. … 아프리카 가나에서는 '음악을 듣는 일'이 '말을 듣거나' 또는 '스프 냄새를 듣는 것'처럼 일종의 인지 지각으로 여겨진다."

이는 백인 정착민들이 흑인의 노예화를 정당화할 의도로 아프리카를 미개 문화로 묘사한 결과다. 흑인들은 이러한 모멸 아래서 혹독한 노동을 강요당하며 자신들만의 탄식을 노래로 승화시켰고, 그들의 노동요는 흑인음악의 시발점이 되어 블루스의 배경이 되는 흑인영가, 가스펠(Gospel) 등으로 발전했다. 흑인음악은 17세기 미시시피강 유역 대규모 노예농장들을 중심으로 시작되었으나, 노예해방 이전까지는 흑백 인종 간 음악 교류가 적어 18세기까지는 아프리카 본토의 음악적 특색이 강한 노동요에 그쳤다.

그러나 19세기 초, 흑인음악이 세대를 거쳐 백인음악의 화성, 선율의 특색이 강한 기독교 찬송가, 유럽 전통음악과 교접하며 흑인영가(Negro Spiritual)가 탄생하였고 1865년 노예해방과 함께 흑인합창단이 결성되며 흑인음악은 유럽 순방 공연까지 할 정도로 대중화되었다.[5] 흑인영가는 노예 시대에 괴로운 현실로부터 해방을 바라는 기독교적 염원이 담긴 민요였다. 특히 아프리카 고유 양식을 계승한 춤과 음악이 흑인영가에 첨가되

---

4 황영순 (2011), 미국 흑인음악의 역사적 배경과 발전 과정, 미국사연구, 34, 115-144.
5 위의 논문, 125.

[사진 5] 민스트럴 쇼 포스터
(출처: 위키피디아)

면서 특유의 활기차고 흥겨운 장르로 발전하였다. 이런 음악 형식은 19세기 중후반 선풍적인 인기를 끌었던 인종차별적 코미디 쇼인 '민스트럴 쇼'에서 자주 등장하였다. 그 후에는 밴조(banjo) 음악의 활기찬 리듬의 랙타임(Ragtime)과 블루스에 영향을 끼쳤다.

노예해방 이후 흑인들이 경제활동에 참여하고 북부의 공업화 지역까지 자유롭게 이동하여 흑인음악은 미국 전역으로 확산되었다. 흑인영가에서 시작한 흑인음악은 블루스와 랙타임을 거쳐 재즈와 R&B, 로큰롤 등으로 분화되었다.

농장의 규모(노예 수)	생산성
0명	109.3
1~15명	117.7
16~50명	158.2
51명 이상	145.9
전체 노예농장	140.4
전체 농장	134.7

〈표 2〉 미국 남부 노예농장의 생산성(북부=100) (출처 : 오카자키 데쓰지 (2016), 『제도와 조직의 경제사』, 한울아카데미, 181, 저자 가공)

쉬·어·가·기

노예제도의 정치경제학

17세기부터 아프리카 흑인들이 노예로서 아메리카 대륙으로 강제 이송되기 시작하여 미국에만 (1808년 노예무역 금지 전까지) 약 66만 명의 흑인 노예가 들어왔고, 강제 이송은 1865년 미국 헌법 개정으로 노예제가 철폐될 때까지 지속되었다.[6] 18세기 후반 영국의 산업혁명과 엘리 휘트니의 조면기 발명으로 미국의 면화 재배업은 크게 성장했는데,[7] 남부의 농장주들은 인건비가 높은 백인보다는 상대적으로 값싼 흑인 노동자를 이용해 이윤을 극대화하였다. 〈표 1〉은 남부 노예농장의 생산성을 북부와 비교해 놓은 통계이다. 북부 농장의 생산성을 100으로 놓았을 때, 남부 농장의 생산성은 모든 농장 규모에서 100 이상을 기록하여 남부의 생산성이 훨씬 높았음을 알 수 있다. 이것은 조면기 발명 같은 기술 진보뿐만 아니라 흑인 노예들의 노동력을 저렴하게 사용할 수 있었기 때문이다. 북부는 산업혁명의 혜택을 직접 받아 기계, 장비, 공장 등을 이용한 자본산업 중심지였기 때문에 노예 노동력이 남부만큼 필요하지 않았다. 이에 반해, 노예제도의 이익을 지키면서 캘리포니아 등의 서부 주까지 노예제도를 확장하고자 했던 남부 주들은 북부와 대립했고 심지어 독립국 건설을 선언하기에 이르렀다. 결국 노예제도에 반대하는 공화당의 링컨이 북부 주의 압도적 지지로 대통령에 당선되면서 남북 대립은 더욱 첨예해졌고 갈등이 격화되어 내전까지 발생하였다.

---

[6] 오카자키 데쓰지 (2016), 『제도와 조직의 경제사』, 한울아카데미, 178.
[7] 위와 같음.

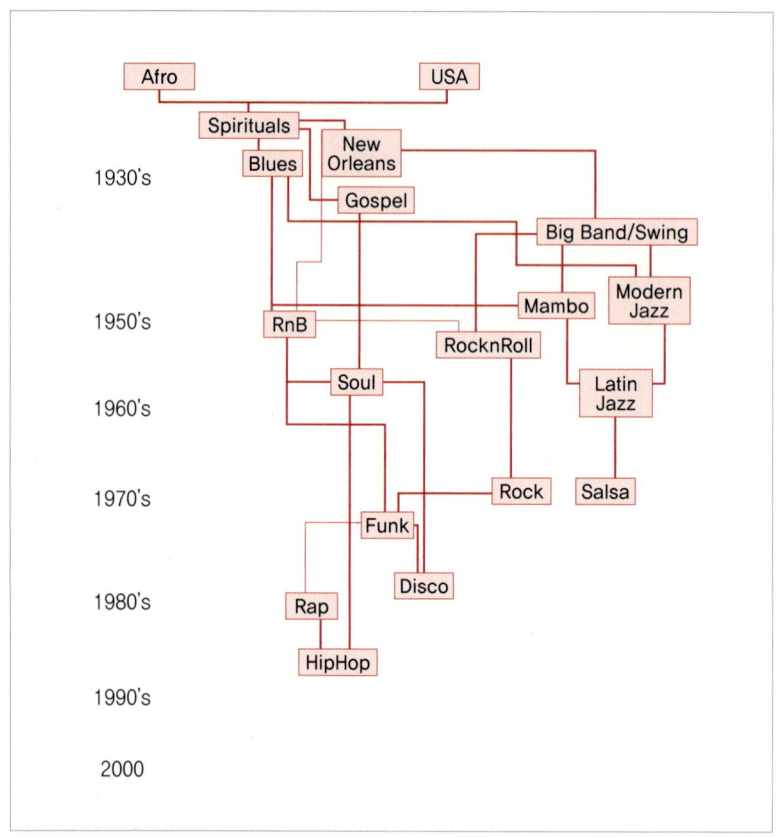

[그림 2] 흑인음악 가계도 (출처: 황영순 (2011), 미국 흑인음악의 역사적 배경과 발전 과정. 미국사연구, 34, 134, 저자 가공)

1890년대 : 재즈의 등장과 뉴올리언스 재즈

　재즈는 다문화가 공존하던 미국 남부 도시 뉴올리언스에서 시작되었다. 뉴올리언스는 1718년 프랑스에 의해 건설된 도시로 18세기 중반 잠시 스페인의 지배를 받기도 했다. 이런 역사적 배경에 더해 노예해방 이후 많은 흑인이 뉴올리언스에 거주하게 되어 음악도 역동적인 혼합이 가능했을 것이다.[8] 음악교육을 받아 악기 연주가 가능한 흑인들이 많아짐에 따라, 흑인 블루스에 백인 클래식 음악의 화성과 선율이 결합하여 재즈로 발전한 것으로 추정된다. 재즈나 블루스는 연주자가 기본 멜로디를 따르면서 자기 느낌에 따라 음악을 즉흥으로 연주하는 장르이므로, 재즈에서는 연주자의 해석에 따라 같은 곡도 천차만별로 연주할 수 있다. 재즈는 이렇게 창조성을 자극하는 특성이 있어 향후 많은 대중음악 장르에 영향을 미치게 되었다.

쉬·어·가·기

뉴올리언스 재즈와 루이 암스트롱

재즈의 발상지 뉴올리언스 출신인 루이 암스트롱은 〈What a wonderful world〉, 〈Cheek to cheek〉 등의 곡들로 우리에게 친숙한 뮤지션이다. 〈When the saints go marching in〉은 대표적인 뉴올리언스 재즈곡 중 하나로, 원래 흑인영가였던 곡을 루이 암스트롱이 즉흥연주로 재즈화한 것이다.

[사진 6] 루이 암스트롱 (출처: 위키피디아)

1910년대 : 미국 대중음악의 어머니, '블루스'

블루스는 1910년대 초부터 미국 대중음악을 휩쓸었고, 약 60년 동안

---

[8] 김미옥 (2005), 재즈의 역사적·사회문화적·음악적 고찰, 낭만음악, 149-179.

대중음악의 주류 원동력이었다. 한마디로 블루스는 20세기 미국 대중음악의 기원이라고 할 수 있다.[9] 20세기를 걸쳐 대중음악의 양대 산맥을 이룬 재즈와 로큰롤이 블루스에 뿌리를 두고 있다. 재즈의 뿌리는 랙타임과 블루스이며, 로큰롤은 R&B와 컨트리 음악에 뿌리를 두고 있다고 알려져 있다. 블루스는 지역·문화적으로도 전 세계에 확산되었다.[10] 플라밍고는 스페인의 집시 블루스, 렘베티카는 그리스 블루스, 탱고는 아르헨티나 블루스, 엔카는 일본 블루스로 묘사되는 등 블루스는 지역문화의 음악적 기본이라고 할 수 있다.

블루스는 1865년 노예해방 이전에 흑인들이 목화농장 노예로 탄압을 받으며 삶의 애환이나 비애 등을 흑인영가, 가스펠 등으로 승화시키면서 형성된 것으로 알려져 있다.[11] 노예해방 이후에도 흑인 노예가 가장 많던 미시시피 주 델타 지역에서 기존의 백인 농장주들이 흑인들을 소작인으로서 정착시켰는데, 흑인들에게는 경제적으로 노예해방 이전과 크게 다를 것이 없는 빈곤한 상황이 계속되었다.[12] 이러한 암울한 상황에서 흑인들은 선조들의 노동요와 흑인영가를 블루스로 변모시켜 슬픔을 표현했다. 이 때문에 '블루스'라는 호칭은 영어 단어 'Blue'의 우울함, 짜증, 걱정의 의미가 흑인들의 애환과 일치한 데서 유래한 것으로 보인다. 블루스는 원래 흑인들의 애환 등 슬픈 감정을 표현하였지만, 이후 델타 블루스(Delta Blues), 도시 블루스(Urban Blues) 등으로 대중화되며 슬픈 감정에만 국한되지 않고 경쾌, 흥분 등 보편적인 감정을 표현하게 되었다.[13]

---

9 Elijah Wald (2010), The Blues: A Very Short Introduction, 2.
10 위와 같음.
11 박종문 (2003), 美國 黑人音樂의 發生史(2), 한국음악사학보(30), 345-367, 350-351.
12 위의 논문, 350.
13 Elijah Wald(2010), 앞의 책, a.

1920년대 : 미국의 경제 발전과 문화 부흥기

19세기 후반, 산업혁명의 선두주자였던 영국의 영향이 미국까지 미치며 철도, 공장제 등이 도입되었고, 이를 바탕으로 IBM, Standard Oil 등 향후 20세기 세계 경제를 이끌어 갈 대기업들이 탄생하였다.[14] 1920년대에 들어 경제적 번영을 이뤄낸 미국은 전축기, 전보기, 전화기, 텔레비전 등 통신기술 발전에 힘입은 '통신혁명'을 달성하고, 절약문화에서 소비문화로 전환하며 광범위한 음악 소비가 일어나 문화 부흥기가 시작되었다.[15]

미국이 1920년대 괄목할만한 경제 성장을 이룬 과정은 1914년 유럽에서 발발한 제1차 세계대전으로부터 시작된다. 이때 미국은 유럽의 전쟁 특수를 담당하는 공급자 역할을 하게 되어 자국 내 산업이 발전하고 높은 경제 성장률을 달성하였다.[16] 높아진 소득으로 자연스럽게 소비가 촉진되었는데, 때맞춰 녹음기술이 개발되고 라디오가 발명되어 음악이 하나의 산업으로 성장하기 시작한다. 1920년대는 '재즈의 시대'라고 불릴 만큼 재즈의 인기가 높았다. 녹음기술의 발전으로 재즈에 담겨 있는 연주자의 독창성과 즉흥성을 다수의 소비자가 누릴 수 있었다. 1919년부터 시행된 금주법의 영향으로 대도시 사람들이 재즈에 맞추어 춤을 추고 술을 마실 수 있는 카바레로 몰린 현상 또한 재즈의 유행을 부추겼다.

1910년대까지는 뉴올리언스가 재즈의 발상지 역할을 했지만, 1920년대는 시카고가 그 역할을 넘겨받는다. 뉴올리언스 재즈의 중심지였던 스토리빌(Storeyville)[17]이 1917년 미국의 1차 대전 참전과 근처 군부대 설립

---

14 오카자키 데쓰지 (2016), 『제도와 조직의 경제사』, 한울 아카데미, 161.
15 김덕호 (2000), 戰間期 미국사회에서의 문화충돌과 대중매체, 미국사연구, 12, 61-98.
16 Rockoff·Hugh (1984), Until it's Over, Over There: The U.S. Economy in World War I, NBER(NATIONAL BUREAU OF ECONOMIC RESEARCH) Working Paper 10580.
17 당시 뉴올리언스 환락가

[사진 7] LP (출처: pixabay)

으로 폐쇄되었고, 1914년부터는 인종차별을 피해 6백만 명 이상의 흑인들이 남부를 떠나는 이른바 '흑인 대이동(Great Migration)'이 있었다. 이런 이유로 많은 재즈 연주자들이 구직을 위해 대표적인 중북부 도시 시카고로 이주하였다. 1920년대부터 백인들도 재즈 밴드를 결성하며 기존 뉴올리언스 재즈와는 다른 딕시랜드(Dixieland) 재즈라는 스타일을 연주하기 시작했다. 이는 기존 재즈 구성에 피아노, 테너 색소폰 등이 추가되고 밴조는 기타로 대체되는 등의 형식이다.

1930년대 대공황

1928년부터 1929년까지 미국의 주가가 폭등 하면서 미국 중앙은행은 이에 대한 대응으로 시중 통화량을 줄이는 긴축 통화정책을 시행하였다. 긴축 효과는 연준의 기대보다 훨씬 강하게 나타나, 결국 1929년 10월에는 주식시장이 붕괴하여 당해 말까지 주가가 약 40% 하락하였다.[18] 이는 급격한 경기 침체로 이어졌고, 그 연쇄작용으로 실업률이 치솟았다. 1939년 주디 갈란드는 당시 암울했던 대공항 속에 희망을 담은 곡 〈Over The Rainbow〉를 대중에게 선사했다.

그리고 비관적인 경제 상황 속 대중들 사이에서는 기분전환을 위해 활기차고 가볍게 몸을 흔들며 춤추기 좋은 스윙 재즈가 유행하기 시작했다. 음반 회사들은 경기 침체로 문을 닫았으나 라디오에서는 신나는 리듬의

---

18 Fredric Mishkin, Macroeconomics, 385-388.

재즈가 자주 연주되었고, 사람들은 기분전환을 위해 스윙 재즈에 큰 관심을 가지게 되었다.[19] 1930년대 말 경기 회복과 함께 음반 산업이 다시 활성화되고 사회 분위기가 밝아지면서 경쾌한 스윙 재즈의 인기는 절정에 올랐다. 스윙 재즈는 뉴욕을 중심으로 각 도시에 전파되면서 역사상 가장 대중적인 재즈가 되었다.[20]

쉬·어·가·기

스윙 재즈

스윙(Swing)이라는 단어는 듀크 엘링턴의 〈It Don't Mean a Thing(If It Ain't Got That Swing)〉에서 처음 쓰였다.[21] 스윙 재즈의 '스윙'은 몸을 들썩이게 하는 흥(Groove, 그루브)을 말하는데, 당김음을 사용하여 재즈를 경쾌하게 연주하는 장르이다. 베니 굿맨은 스윙의 왕(The King of Swing)이라 불릴 정도로 스윙의 선두주자였으며, 1938년 재즈 연주가로서는 최초로 카네기 홀에서 공연했다.[22] 베니 굿맨의 대표곡으로 첫마디 멜로디만 들어도 바로 그루브를 타게 되는 〈Sing Sing Sing〉이 있다. 여성 스윙 재즈 뮤지션은 〈All of Me〉를 부른 엘라 피츠제랄드를 들 수 있다.

[사진 8] 베니 굿맨 (출처: 위키피디아)

[사진 9] 엘라 피츠제 랄드 (출처: pixabay)

---

19 김미옥 (2005), 앞의 논문, 149-179, 162.
20 위의 논문, 162.
21 김현경, (2016), [2016 김현경의 음악에세이] 재즈의 명인 3. 스윙의 왕, 베니 굿맨 대한토목학회지, 64(8), 63.
22 위의 논문, 65.

1940년대 : 2차 세계대전 전후

1940년대 역시 스윙 재즈가 주류를 차지했으나, 미국이 제2차 세계대전에 참전하면서 재즈 연주자들을 포함한 많은 사람이 징집되었다. 당시에는 춤을 추며 직접 즐기는 스윙과 달리 현란한 선율에 주목해 음악 그 자체에 대한 감상이 주 목적이 되는 비밥(Bebop)이 등장하기도 했다.[23] 스윙재즈는 대개 10명 이상의 다수 연주자가 참여하여 빅밴드 재즈로 불리기도 하는데, 스윙 재즈의 경우 주로 인기 많은 솔로 연주자만이 즉흥연주를 담당했던 반면 비밥은 소규모 밴드로 즉흥연주 자체의 비중이 크고 연주 시간이 더 길다.[24]

미국은 1930년대 후반부터 1940년대까지 제2차 대전의 군수물자 공급을 도맡으며 엄청난 경제 성장을 이룩하였다. 방위 산업 등의 호황으로 수백만 명이 일자리를 찾아 남부를 떠났고, 이는 R&B와 컨트리 음악이 남부를 넘어 북부까지 대중적으로 확산되는 계기가 되었다.[25] 2차 대전 종전과 함께 전시 통제가 해제되어 가계 실질 소득과 소비가 늘고 라디오, 주크박스 등 음악 매체가 활성화되었다. 여기에 더해 TV가 새로운 매체로 등장하며 음악 산업은 전례 없는 호황을 맞이한다. 이와 맞물려 R&B와 컨트리 음악이 황금기를 맞이했고, 해당 기간은 1960~70년대를 이끌어가게 될 대중음악의 기반이 되었다. 점차 음악은 단순한 여흥이 아닌 상품으로서 입지를 굳혔으며, 음반 회사의 경쟁은 점차 치열해졌다.

R&B는 1940년대를 거치며 블루스에 리듬적 요소가 가미되어 탄생했다. 컨트리의 지역적 기원은 미국 남부 시골 지역이고, 음악적 기원은 블

---

23 김미옥 (2005), 앞의 논문, 164.
24 위와 같음.
25 래리 스타·크리스토퍼 워터먼 (2015), 미국 대중음악-민스트럴시부터 힙합까지, 200년의 연대기, 235.

루스, 교회음악, 아메리칸 포크송이다. R&B는 영국 출신 앵글로 색슨계 백인들의 음악에서 유래되었으며, 20세기 초 급변하는 시대적 배경 속에서 다른 대중음악에 비해 좀 더 전통적인 장르이다.[26] 컨트리 역시 1920년대 레코드 시장이 활성화되고 라디오가 등장하면서 대중음악으로서 확산되기 시작했다.[27]

1950년대 : 2차 세계대전과 한국전쟁 후 미국 경제의 활황

1950년대에는 2차 세계대전과 한국전쟁 등의 국제 분쟁이 종식되고 경제적 활황이 찾아왔다. 미국 경제는 37% 성장했으며, 1950년대 말 미국 가계의 구매력도 1940년대에 비해 약 30% 올랐다. 인플레이션은 안정세를 유지하였고 실업률도 높지 않았다. 2차 세계대전 이후 등장한 베이비부머(baby boom generation)[28] 세대들은 스윙 재즈와 같은 음악은 낡고 오래된 장르라고 생각하여 새로운 음악을 갈구했다. 이들은 높아진 소득을 누리며 '미국에서 가장 엔터테인먼트에 굶주린 세대'로 불리었고, 블루스, 컨트리, 재즈, 가스펠에 기원을 둔, 흑인음악의 리드미컬한 특색이 강한 로큰롤이라는 새로운 장르의 음악에 빠지게 됐다.[29] [30] 로큰롤은 음악 산업을 전 세계적으로 성장시켰고 그 정점에 '로큰롤의 제왕' 엘비스 프레슬리가 있었다. 그는 〈Jailhouse Rock〉, 〈Can't help falling in love〉, 〈(Let me be your) Teddy Bear〉 등 수많은 히트곡을 남겼는데, 성공은 그의 음악

---

26 앞의 책, 157.
27 위와 같음.
28 출산율의 급성장기를 뜻한다. 일반적으로 1945~1955년 출생을 뜻한다.
29 임진모 (2014), 『팝, 경제를 노래하다-대공황에서 세계금융위기까지 대중음악으로 본 자본주의』, 아트북스, 28-42.
30 황영순 (2011), 앞의 논문, 128.

[사진 10] 1958년 미국 가정에서 텔레비전을 시청하는 모습 (출처: 위키피디아)

적 재능뿐만 아니라 가계소득의 팽창으로 10대가 소비 주체로 등장한 점, 통신기술의 발달로 TV가 보급된 점에 기인한다.[31] 1953년 미국의 TV 보급 대수는 약 2천7백만 대였고 그 후 더 가속화되어 1956년 약 3천7백만대로 3년만에 40% 가까이 증가했다.[32] TV를 통해 누구나 쉽게 화면으로 음악을 접할 수 있게 되면서 음악은 명실공히 대중문화로 자리 잡았는데, 특히 엘비스 프레슬리가 구사한 화려한 몸동작과 열창이 시각적인 즐거움을 주어 춤도 자연스럽게 음악의 일부로 포함되기 시작했다.

[사진 11] 〈Jailhouse Rock〉을 부르는 엘비스 프레슬리 (출처: 위키피디아)

---

31 임진모 (2014), 앞의 책, 36.
32 위의 책, 37.

쉬·어·가·기

로큰롤의 제왕 엘비스 프레슬리

〈표 1〉에 등장하지 않지만 거액의 수입을 올린 스타 뮤지션들 중에는 이미 사망해서 기록이 남아 있지 않거나 수입이 공개되지 않은 경우도 많다. '로큰롤의 제왕'이라 불리는 엘비스 프레슬리의 경우, 비틀즈의 존 레논이 "엘비스 이전에는 이 세상에 아무것도 없었다."라고 할 정도로, 20세기 대중음악에서 빼놓을 수 없는 존재다. 이는 단지 그가 돈을 많이 벌었다는 사실 때문이 아니다. 2차 세계대전이 끝나고 1950년대부터 1970년대까지 활동했던 엘비스 프레슬리는 대중음악이 전후 국민소득 증가와 라디오와 TV 같은 통신기술 발전에 힘입어 산업으로 화려하게 꽃피운 시대를 상징하는 인물이었다. 엘비스 프레슬리가 처음 등장했을 때 백인이 흑인 노래를 부른다고 비난하는 사람도 많았다.[33] 그러나 엘비스 프레슬리는 보란 듯이 열정적인 댄스와 가창력을 내세워 폭발적인 인기를 얻었고, 사람들은 인종을 불문하고 누구나 그의 팬이 되었다.

1960년대 : 경제 활황, 브리티시 인베이전, 라틴음악, 반전운동

많은 사람들은 1960년대 미국의 경제 활황을 잘 나타내는 음악으로 1967년 발매된 루이 암스트롱의 〈What a Wonderful World〉를 떠올린다. 당시 미국경제는 호황이었으나, 그 이면에는 존 F. 케네디 대통령 암살 사건, 흑인 인종차별 철폐운동 등 다양한 사회적 혼란도 있었다.[34] 그런

---

[33] 황영순 (2011), 앞의 책, 127.
[34] 래리 스타·크리스토퍼 워터먼 (2015), 앞의 책, 310.

가운데 로큰롤 유행이 1960년대 초까지 이어지며 그에 어울리는 댄스도 덩달아 유행하기 시작했고, 특히 '트위스트(Twist)'가 선풍적인 인기를 끌게 되었다. 트위스트는 이 시대를 대표하는 댄스로 일컬어지기도 한다.

흑인음악의 중요성은 1960년대에 들어 더욱 부각되었고, 이때 등장한 '모타운 레코드'와 같은 흑인 소유의 레이블(제작사)은 현재까지도 명맥을 이어나가고 있다. 모타운 레코드는 1960년 베리 고디에 의해 설립되었으며, 마이클 잭슨 형제로 구성된 잭슨 파이브, 마빈 게이, 스티비 원더 등의 걸출한 스타들과 보컬 그룹의 음반을 제작하여 큰 성공을 거두었다.[35]

호황을 누리고 있던 미국과는 달리 영국의 1960년대는 경기 침체기였다.[36] 그런데 이때, 엘비스 프레슬리의 영향을 받은 영국 밴드가 등장한다. 바로 ⟨Hey Jude⟩, ⟨I want to hold your hand⟩, ⟨Let it be⟩ 등 수많은 히트작을 남긴 '비틀즈'다. 2차 세계대전을 통해 경제적 이득을 취했던 미국과 달리, 영국은 1954년까지 식량 배급제를 시행해야 했고 전후에도 9년 동안 유사 전시 상황을 유지하며 열악한 경제 상황을 겪었다.[37] 전시라면 군에 들어가야 했을 청년들이 종전 이후 일자리를 찾지 못했고, 이는 당시 영국의 높은 실업률에 반영되었다. 비틀즈의 멤버 링고스타는 당시 상황을 아래와 같이 회고하였다.

"우리를 군에 데려갈 제도가 없어졌다. 열여덟 살이 됐는데도 입대를 하지 못했다. 모든 애들이 뭘 해야 할지 몰라 방황하고 있었다."[38]

---

[35] 앞의 책, 324.
[36] 임진모 (2014), 앞의 책, 66-77.
[37] Cook, N., & Pople, A. (Eds.) (2004), The Cambridge History of Twentieth-Century Music (The Cambridge History of Music), Cambridge: Cambridge University Press, 435.
[38] 임진모 (2014), 앞의 책, 69.

[사진 12] 1964년, 비틀즈 미국 존. F 케네디 공항에 첫 상륙 (출처: 위키피디아)

위와 같은 상황에서 방황하는 청년들의 이목은 자연스럽게 로큰롤 스타들에게 끌렸고, 그들에게 영향을 받아 로큰롤 스타들을 흉내 내고자 했다. 이런 상황에서 비틀즈가 성공하여 대영제국 5등 훈장인 MBE(Member of British Empire)까지 받았는데, 가수가 국가훈장을 받았다는 사실에 대한 논란이 불거지기도 했다. 그러나 당시 영국 수상이었던 윌슨은 "만약 우리에게 비틀즈가 하나 더 존재했다면 만성적 국제수지 적자를 면하는 데 도움이 됐을 것"이라고 언급할 정도로 가수의 국가훈장 수여를 정당화할 만한 친대중음악적인 사회 분위기가 존재했다.[39]

1964년 비틀즈가 미국에 진출하고 로큰롤의 영향을 받은 영국 밴드들이 미국에서 선풍적인 인기를 끌기 시작했다. 이를 '브리티시 인베이전(British Invasion, 영국의 침공)'이리 부른다. 브리디시 인베이진의 영향은 미국 밴드들이 영국식 발음이나 스타일을 모방하여 앨범을 낼 정도로 상당했다.[40] 물론, 미국의 전통적 로큰롤 스타일을 이어나가며 비틀즈 못지않

---

[39] 앞의 책, 76.
[40] 래리 스타·크리스토퍼 워터먼 (2015), 앞의 책, 334.

[사진 13] 앤 설리번 쇼에서 공연 중인 비치 보이스 (출처: 위키피디아)

은 성공을 거둔 미국 토종 밴드도 있었다. 예를 들어 '비치 보이스'는 미국 로큰롤 스타일을 계승하며 미국적 음악을 발전시킨 결과 '서프(Surf) 음악'이라 불리는 그들만의 독창적인 스타일을 보여주기도 했다.

한편 라틴계열의 음악도 이때 등장했다. 재즈와 R&B의 퓨전 스타일인 '라틴 소울(Latin Soul, 소울 재즈)'과 브라질 삼바 리듬과 모던 재즈가 합쳐진 '보사노바(Bossa Nova)' 장르의 곡들이 빌보드 차트 상위권을 차지하기도 했다.[41] 대표적인 소울 재즈 뮤지션으로 '라몬 몽고 산타마리아', '레이 바레토', 대표적인 보사노바 뮤지션으로 '주앙 지우베르투', 〈The Girl from Ipanema〉를 작곡한 '안토니오 카를로스 조빔' 등이 있다. 1960년대 중반에는 미국 뮤지션들도 보사노바 곡들을 노래하기도 했는데, 대표적으로 엘라 피츠제랄드와 프랭크 시나트라를 들 수 있다.

1960년대 후반에는 컨트리, 소울과 더불어 어반(Urban) 포크, 록 등이 유행했다. 어반 포크는 1950~60년대 유행했던 로큰롤과 대조되는 스타일로 어쿠스틱 사운드를 위주로 록을 현대화한 움직임이다. 여기서 '포크

---

41 앞의 책, 349.

'(folk)'란 전통 스타일의 음악을 말한다. 1960년대 초 어반 포크 가수들은 로큰롤을 그저 의미 없이 즐기는 음악으로 생각했고, 사회 문제에 적극적으로 참여하고자 하는 정신을 반영한 음악을 통해 정치적 의미를 전달하는데 초점을 두었다.[42] 이런 흐름 때문에 초기에는 일렉트릭 사운드는 어반 포크 음악에 포함되지 않았다.

어반 포크를 대표하는 뮤지션은 단연 '밥 딜런'이다. 그는 전통적인 음악 스타일과 혁신적이고 독창적인 스타일을 조화시켰다. 뿐만 아니라 자신이 작곡하는 곡의 가사에 의미를 부여하고자 하였으며, 일렉트릭 사운드를 적극적으로 활용하는 모습을 보였다.[43] 이 때문에 일부 전통 포크 팬들이 그를 비난하기도 했지만,[44] 오늘날 밥 딜런은 포크와 로큰롤의 융합을 통해 대성공을 거둔 최초의 뮤지션으로 평가된다. 1965년은 딜런의 커리어에서 가장 중요한 해로, 그는 포크에 록을 접목시킨 〈Mr. Tambourine man〉을 발표했고, 이는 '포크록(Folk-Rock)'으로서 최초의 히트곡이 되어 '어반 포크(Urban Folk)' 장르가 개척되는 발판이 되었다.[45]

[사진 14] 밥 딜런 (출처: 위키피디아)

[사진 15] 1964년 당시 연인이었던 존 바에즈(좌)와 밥 딜런(우) (출처: 위키피디아)

---

42 앞의 책, 373.
43 위의 책, 378.
44 위의 책, 379.
45 위의 책, 378.

앞서 언급했듯이 1960년대는 호황을 누리던 경제 상황과는 달리 사회·정치적으로 혼란스러운 시대였다. 예를 들어 베트남전쟁 찬반과 인종차별 등이 첨예한 이슈로 불거졌다. 이러한 사회 혼란 속에 대중들의 기존 제도에 대한 불만은 '반문화'로 이어졌고, 록은 반문화를 이끄는 문화적 상징으로 떠올랐다.

1960년대는 전설적인 전자 기타리스트들이 등장하기 시작한 시기이기도 하다. 대표적으로 지미 헨드릭스와 에릭 클랩튼을 들 수 있는데, 이들은 서로 영향을 주고받으며 시대를 풍미하는 기타리스트로 성장하였다. 지미 헨드릭스가 28살의 젊은 나이에 세상을 떠나지 않고 다른 기타리스트들과의 경쟁 및 협력관계가 지속되었다면, 록·블루스의 역사는 달라졌을지도 모른다. 지미 헨드릭스 음악은 반문화적 요소를 내포했고, 에릭 클랩튼의 음악은 록, 블루스, 헤비메탈 장르에 큰 영향을 미쳤다. 이들의 성공은 1960년대에 미국 음악인 블루스가 영국에서 인기를 끌었던 것과 맞물려 있는데, 이를 '블루스 리바이벌(Blues Revival)'이라고 부른다.

쉬·어·가·기

우리나라의 블루스

세계가 격변의 시기를 겪고 있었던 1960년대 우리나라의 대중음악은 어떤 단계를 거치고 있었을까? 1961년 박정희가 5.16 군사정변을 일으켜 독재정권이 들어서고, 권위주의, 집단주의, 상명하복의 관행이 만연해 문화예술이 발전하기 어려운 사회 분위기가 장기간 지속되었다. 이런 가운데 블루스가 미8군을 통해 제한적으로 유입되었다.[46] 한국 블루스를 대표하는 신중현, 김홍탁, 최이철, 이중산 등의 연주자들이 미8군에서 활동하며 블루스와 록을 익힌 것으로 추정된다. 재미있는 사실은 영국 블루스의 정신적 지주 격인 블루스브레이커스의 존 메이올이 한국에서 군복무를 했다는 점이다. 존 메이올이 한국 블루스에 얼마나 많은 영향을 끼쳤는지 알 수는 없지만, 그는 한국에서 복무하고 귀향하는 감정을 염세적으로 노래한 〈Back from Korea〉라는 곡을 발표하기도 했다.

우리 대중음악이 자유롭게 발전하기 어려운 사회적 분위기는 1980년대까지 유지되다가, 민주화가 이루어진 이후에서야 완화되었다. 80년대 중반에는 블루스라는 이름을 명시적으로 내세운 '신촌블루스'가 등장했다. 신촌블루스는 정규 밴드보다는 이정선, 엄인호, 한영애 등 아티스트형 뮤지션들이 멤버로 활동했던 음악 공동체에 가까운데, 그 중 빼놓을 수 없는 뮤지션은 보컬이었던 김현식이다. 그는 〈내 사랑 내 곁에〉, 〈사랑했어요〉, 〈비처럼 음악처럼〉 등 가슴을 울리는 노래들과 비타협적인 태도, 폭음, 대마초 사건, 간경화로 인한 죽음 등이 주는 다소 어두운 이미지가 겹쳐지는데, 간경화로 입원했을 때에도 공연과 녹음을 멈추지 않을 정도로 열정적이었다고 한다. 심지어 병실에서도 노래를 하곤 해, 같은 병실의 환자가 카세트로 녹음했던 그의 노래에 기획사가 반주를 추가해 앨범으로 발표했다고 한다. 그의 노래를 들을 때마다 짧고 강렬한 삶을 살고 간 그가 그리울 따름이다.

---

46 여기서 '블루스'는 일제하에 일본에서 들어온 트로트풍 변종 블루스와 구분하여 이해해야 한다.

1970년대 : 음악의 상업화와 다양화

1970년대 미국은 무역적자 확대와 오일쇼크로 인해 경기 침체를 맞는다. 눈부신 경제 성장을 이룩했던 1950~60년대와 달리 높은 인플레이션율과 실업률이 같이 발생하는 '스태그플레이션(stagflation)'도 일어났다.[47] 당시 사람들에게는 빠르고 신나는 음악을 들으며 암울한 경제적 상황을 잠시나마 잊고자 하는 문화적 성향과, 기존 제도에 대한 반항적 태도가 공존했다. 전자는 디스코의 유행, 후자는 펑크와 헤비메탈의 인기와 관련이 있다고 볼 수 있다. 이런 상황에서 지미 헨드릭스가 사망했고 비틀즈가 해체되었는데 이는 1960년대를 이끌었던 록의 반문화 정신의 균열을 의미했다.[48]

1970년대가 열리면서 음반 산업은 거대 레이블이 장악하게 되었다. 음반 매출 전체의 십 분의 일 정도만 인디(독립) 레이블이 차지할 정도로 인디 레이블의 입지가 축소되었다가, 1970년대 중반 이후 인디 레이블들이 새로운 장르들을 개척하게 된다.[49] 본래 음악 장르는 1960년대부터 조금씩 나누어지기 시작했는데 이 세분화 현상은 1970년대부터 가속화되어 점차 다양한 음악들이 음반 차트 상위권을 차지했다.[50]

예를 들어 1960년대 차트를 장악했던 록은 반문화에서 조금 벗어나 대중성과 상업성을 강화했고, 이 과정에서 AC/DC, 롤링 스톤스, 퀸, 레드 제플린, 핑크 플로이드, 데이비드 보위 등 수백만 장의 음반 판매량을 자랑했던 밀리언셀러 록 뮤지션들이 등장하기 시작했다. 남부 백인 노동자

---

[47] Conte, C., Karr, A. R., Clack, G., & Hug, K. E. (2001), Outline of the US Economy. US Department of State, Office of International Information Programs.
[48] 래리 스타·크리스토퍼 워터먼 (2015), 앞의 책, 409.
[49] 위와 같음.
[50] 위의 책, 419.

계급이 주 청취자였던 컨트리 장르도 미국 중산층에게 인기를 끌었다. 컨트리는 다른 장르들과 결합하며 차트에서 높은 순위를 차지하기도 했고, 다른 장르 가수들이 컨트리 스타일 음악으로 성공하기도 했다. 대표적으로 팝 가수이면서 〈Thank God I'm a Country Boy〉, 〈Take me Home, Country Roads〉를 불러 컨트리 음악 유행의 한 축을 담당했던 '존 덴버'를 들 수 있다. '이글스'는 컨트리와 록을 접목해 〈Hotel California〉, 〈Desperado〉를 성공시켰다. 1950년대 로큰롤을 이끌었던 척 베리와 엘비스 프레슬리가 복귀해 차트를 점령하면서 경제 호황과 정치적 안정기에 돌연 로큰롤 복고풍이 불기도 했다.

[사진 16] 데이비드 보위
(출처: 위키피디아)

1970년대 중반은 디스코 시대의 시작으로 볼 수 있는데, 클럽이 대중화되면서 사교 댄스에 적합한 음악이라는 특성에 힘입어 디스코가 주류 음악으로 떠올랐다. 1977년에는 디스코 영화 〈토요일 밤의 열기(Saturday Night Fever)〉가 성공을 거두며 디스코 열풍이 불었다.[51] 디스코의 인기는 신나고 경쾌한 음악에 춤을 추며 혼란스러웠던 사회 분위기를 잊고자 하는 욕구를 반영한다. 이 같은 흐름 속에 1966년 소울 재즈로 발매된 Bonny M의 〈Sunny〉의 리메이크가 디스코로 재발매되었다.

레게도 등장했다. 레게는 자메이카 전통 음악과 당시 미국에서 유행하던 R&B가 혼합된 새로운 장르로 차트에서 높은 순위를 차지하기도 했다. 레게를 전 세계적인 무대로 끌어올린 뮤지션은 밥 말리다. 말리는 '웨일러스'라는 밴드를 결성해 자메이카에서 활동했으며, 자메이카 차트에서 높

---

51 앞의 책, 439.

[사진 17] 밥 말리
(출처: 위키피디아)

은 순위를 차지하며 인기를 끌었다. 1970년대에 들어 그는 미국 레이블과 계약하고 본격적으로 미국 무대에 진출했다. 이 과정에서 에릭 클랩튼과 같은 유명 록 뮤지션들이 레게의 영향을 받기도 했다.[52] 1973년 말리의 앨범 〈Burning〉의 수록곡 〈I Shot The Sheriff〉를 에릭 클랩튼이 커버했고, 1974년 클랩튼의 앨범이 차트 정상에 오르기도 했다.[53] 1960년대 반문화를 이끌던 록이 1970년대에 점점 그 성격을 잃어가고 상업 음악으로 변모하자 이를 비판하며 펑크 록이 등장했다.[54] 대표적인 펑크 록 밴드로는 〈Holidays in the sun〉을 부른 Sex Pistols을 들 수 있다.

1970년대 초 뉴욕 할렘가 브롱스에서 형성된 힙합은 R&B, 로큰롤, 펑크, 디스코 등의 리드미컬한 요소들을 모두 가지고 있다. 힙합의 기원은 흑인음악이지만 인종적으로 보면 흑인뿐만 아니라 경제적 하층민들이 살던 뉴욕 브롱스의 푸에르토리코인 등 소수민족 사이에 유행하였기 때문에 지역적 정체성이 더 강하다고 볼 수 있다.[55] 힙합에는 랩, 그래피티, 브레이크 댄스 등 음악, 미술을 막론하고 형성된 독창적 문화로 주류 문화에 대한 저항이 내재되어 있다. 힙합은 1970년대 후반까지 브롱스나 여타 빈민가에서만 향유되다가, 1979년 〈Rapper's Delight〉이 상업적으로 성공하며 '래퍼(Rapper)'라는 용어가 알려지고 이를 기점으로 대중화 되었다.[56]

---

[52] 앞의 책, 453.
[53] 위의 책, 457.
[54] 위의 책, 464.
[55] 위의 책, 482.
[56] 위의 책, 486.

1970년대의 또 다른 특징은 스티비 원더, 엘튼 존, 캐롤 킹 등 자작곡을 연주하는 싱어송라이터[57] 아티스트들이 많은 인기를 끌었다는 점이다.[58] 스티비 원더는 블루스 스타일에 기반을 두고 선도적으로 전자악기를 도입했다. 엘튼 존은 로큰롤 기반의 팝 록 아티스트로 로큰롤의 황제 엘비스 프레슬리가 약 7년간 영화에 매진하다 음악 활동을 재개한 상황에서도 로큰롤에 팝 스타일을 더해 인기를 끌었다.

1980~90년대 이후 : 거대 레이블, 슈퍼스타, 음악의 디지털화

1980년대 초반 미국의 경제 상황은 더욱 악화되었다. 1979년 2차 오일 쇼크가 발발하고 그 여파가 1980년대까지 이어지며, 미국 경제는 크게 위축되었다. 1982년에는 기업 도산이 전년 대비 50% 증가하였고, 1970년대부터 쇠퇴해오던 미 북동부의 '러스트 벨트(Rust Belt)' 공업 지역은 제철소 인력 유출 등 극심한 침체를 겪었다.[59] 이런 사회상을 그린 곡으로 빌리 조엘의 〈Allentown〉이 있다. 1973년 〈Piano Man〉의 히트를 시작으로 그래미상을 통산 6차례 수상한 빌리 조엘은 〈Allentown〉에서 "But the restlessness was handed down; And it's getting very hard to stay"라는 가사를 통해 당시 공장들이 문을 닫으며 마을에 감돌았던 불안감과 주민들이 이주할 수밖에 없던 상황을 묘사했다.[60]

1970년대 경제 불황과 비디오 게임과 같은 대체 오락 매체들의 등장으

---

57 앞의 책, 419-424.
58 위의 책, 419.
59 Conte, C., Karr, A. R., Clack, G., & Hug, K. E. (2001), Outline of the US Economy, US Department of State, Office of International Information Programs.
60 From the Beatles to Twenty One Pilots: Economics in Music in the Pop Culture Era. Perspectives on Economic Education Research 11(1), p. 41-45.

로 1980년대 초반 음악 산업 업황은 좋지 않았으나,[61] 1983년 CD 발명, 1984년 워크맨 발명, 뮤직 텔레비전인 MTV(Music Television)의 등장으로 인해 다시 부흥하며 연예 산업으로 확장되었다. 1980년대 음악 산업의 특징은 거대 음반 레이블의 시장 점유 확대와 소수 슈퍼스타 뮤지션들의 시장 집중이다. 이 현상은 갈수록 심화되어 1990년에는 6개 레이블이 전 세계 음반 매출의 3분의 2를 창출하였다.[62] 그리고 영상통신의 발전에 힘입어 음악만으로 승부하는 전통적인 라디오 스타보다 수려한 외모까지 겸비한 비디오 스타가 주목받기 시작했다. 마이클 잭슨, 마돈나, 프린스, 휘트니 휴스턴 등이 바로 이때 등장했다. 1980년대부터 슈퍼스타 뮤지션들은 영화, 방송, 광고, 굿즈 판매, 콘서트 등 타 업종과 협업하기 시작하며 음악 산업과 연예 산업은 뗄 수 없는 관계가 되었다.

미국 경제는 1983년 이후 침체기를 끝내고 회복세에 접어들어 1990년대에 다시 한번 활황을 맞이한다. 그러나 그 과정에서 정부 부채와 무역 적자가 지속적으로 커지는 등 경제가 온전히 회복했다고 보기는 어려웠다.[63] 이와 달리 1990년대는 1970년대 후반 1,000에 머물던 다우존스 지수(미국 주가 지수)가 1999년 11,000을 기록하고, 1991년 3월부터 1999년 말까지 지속적으로 상승하는 등 역사상 가장 긴 경기 확장을 기록하며 미국인들의 자신감이 회복되는 시기였다.[64]

이러한 경제 상황 속에서 음악 산업을 지속적으로 이끄는 주류 음악 장르는 뚜렷하게 나타나지 않았고, 레이블들은 슈퍼스타를 발굴하는 데에 집중했다. 간혹 옛 음악을 추억하는 복고적 경향과 새로운 스타일이 반복되며 인기를 끌기도 했으며,[65] 디지털화의 영향으로 개인용 컴퓨터가 보

---

[61] 래리 스타 · 크리스토퍼 워터먼 (2015), 앞의 책, 492.
[62] 위의 책, 495.
[63] Conte, C., Karr, A. R., Clack, G., & Hug, K. E. (2001). 앞의 글.
[64] 위와 같음.
[65] 래리 스타 · 크리스토퍼 워터먼 (2015), 앞의 책, 540.

급되며 대중음악은 개인 취향에 맞는 장르로 다양화·파편화되었다.

　1990년대 대중음악의 특징은 힙합의 주류 음악 장르 진입이다. 1979년 힙합이 처음으로 인기를 끈 후 힙합 레이블들이 생기기 시작했고 시장 규모도 커졌다. 마돈나의 공연에서 힙합이 오프닝 공연으로 쓰이기도 했고, 1980년대 후반으로 갈수록 밀리언셀러 힙합 음반들이 많아졌다.[66] 힙합 특유의 반항적인 정서 덕에 인종을 막론하고 젊은 계층이 많이 듣기 시작했으며, MTV에서 최초의 힙합 프로그램이 탄생하고 빌보드에도 랩 차트가 신설되었다. 1990년대는 힙합이 미국 전역으로 확산된 시기다. 1990년 MC 해머의 앨범 〈Please Hammer Don't Hurt'em〉이 차트 정상을 21주 동안 차지하고, 앨범 판매량은 1,000만 장을 육박할 정도로 힙합의 대중화와 상업화는 본격화 되었다.[67]

　그러나 1990년대 중반부터는 이스트 코스트, 웨스트 코스트로 불리는 힙합 세력들이 동부와 서부로 분열하며 폭력적인 갈등을 빚기도 했다. 동

[사진 18] MC 해머　　[사진 19] 아이스 큐브　　[사진 20] 스눕 독
(출처: 위키피디아)　　(출처: 위키피디아)　　(출처: 위키피디아)

66　위의 책, 546.
67　위의 책, 550.

부를 대표하는 랩퍼로는 '비기 스몰스', 피 디디로 불리는 '퍼피 콤스' 등이 있고, 서부 랩퍼로는 '아이스 큐브', '닥터 드레'와 그 제자 '스눕 독', 서부의 수장 '투팍'이 있었는데, 이 중 투팍이 총에 맞아 사망할 정도로 힙합계의 갈등이 격화되었다. 일부이지만 폭력과 마약을 정당화하는 듯한 가사를 사용하는 '갱스터랩(Gangsta rap)' 장르가 나타날 정도로 힙합은 반사회적이라는 비판을 받은 적도 있다.

1990년대 산업으로서 음악계의 두드러진 특징은 디지털화다. 디지털 장비가 제작에 미치는 영향이 커지며 테크노 음악이라는 장르가 나타나기도 했다. 그리고 기존의 CD 외에 MP3 플레이어와 스트리밍 서비스가 등장하며 음원 사용 규모와 범위가 성장함에 따라 음반 매출뿐만 아니라 저작권 수입도 중요해진다.

[사진 21] CD (출처: pixabay)

[사진 22] 소니- 워크맨 (출처: pixabay)

현재 인터넷 기술의 발전으로 대부분의 컨텐츠는 온라인 플랫폼에서 소비되고 있고, 디지털화로 인해 음악 제작 비용이 감소해 1인 제작도 가능해졌다. 현대 음악 산업은 급격한 변화를 겪고 있어 그 어느 때보다 음악 산업에 대한 분석적 접근이 필요하다. 따라서 다음 장부터 음악 산업을 경제학적인 측면에서 본격적으로 조명해 보고자 한다.

chapter 02

음악 수요·공급과 시장

1. 왜 콘서트 티켓 가격은 지역마다 다를까?

한 통계에 의하면 같은 가수의 동일한 내용의 콘서트 티켓 값이 같은 국가 내에서도 지역마다 다른 것으로 나타났다.[68] 레이디 가가, 케이티 페리, 에드 시런, 브루노 마스 등의 투어 콘서트 티켓 값을 분석한 결과, 평균적으로 소도시와 대도시 간 콘서트 가격은 최대 75%까지 차이가 났다. 이 통계를 〈표 3〉에 정리했는데, LA가 티켓 값이 가장 비쌌고, 뉴욕, 시카고 등 대도시가 뒤를 이었다. 뉴욕주의 소도시 버팔로나 미시건주의 그랜드 래피드 등 소도시는 최하위권을 기록했다. 뉴욕시는 일곱 번째로 비쌌으나 뉴욕시에서 기차로 20분 거리에 위치한 인근 도시 뉴어크에서 판매된 동일한 콘서트 가격은 뉴욕시보다 약 $3.70(한화로 약 4천 원) 저렴했다.

재화와 서비스의 가격은 수요와 공급에 따라 결정된다. 콘서트 가격이 지역마다 다른 것도 수요와 공급에 영향을 미치는 요인들이 지역마다 다

---

[68] https://www.wanderu.com/blog/concert-ticket-prices-across-the-us/

르기 때문이다. 따라서 콘서트 가격이 어떻게 결정되는지 알기 위해서는 수요와 공급이라는 개념을 이해할 필요가 있다. 먼저, 수요·공급은 '합리성'과 '한계'라는 개념에 기초한다.

미국 도시별 콘서트 티켓 가격						
순위	도시	가격	순위	도시	가격
1	로스엔젤레스	$ 127.57	25	디트로이트	$ 86.31
2	라스베가스	$ 123.94	26	세인트루이스	$ 85.79
3	휴스턴	$ 109.65	27	미니애폴리스	$ 85.14
4	샌디에고	$ 108.12	28	솔트레이크시티	$ 84.54
5	워싱턴 D.C	$ 107.79	29	신시내티	$ 84.47
6	언캐스빌	$ 104.35	30	시애틀	$ 84.21
7	뉴욕	$ 100.00	31	샌안토니오	$ 84.12
8	샬럿	$ 99.85	32	프레즈노	$ 83.81
9	보스턴	$ 98.71	33	피닉스	$ 83.54
10	달라스	$ 97.23	34	내쉬빌	$ 83.13
11	뉴어크	$ 96.47	35	탬파	$ 82.99
12	샌프란시스코	$ 96.37	36	포틀랜드	$ 82.42
13	시카고	$ 95.93	37	오마하	$ 82.20
14	루이빌	$ 94.05	38	투슬라	$ 82.00
15	클리블랜드	$ 93.75	39	피츠버그	$ 81.84
16	애틀란타	$ 92.90	40	캔자스시티	$ 80.96
17	필라델피아	$ 92.67	41	링컨	$ 80.36
18	마이애미	$ 92.29	42	콜롬버스	$ 80.23
19	덴버	$ 89.80	43	리틀락	$ 78.28
20	올란도	$ 88.69	44	인디애나폴리스	$ 77.62
21	밀워키	$ 88.65	45	뉴올리언스	$ 77.16
22	오스틴	$ 87.82	46	버팔로	$ 74.74
23	새크라멘토	$ 87.69	47	그랜드래피즈	$ 73.09
24	디모인	$ 86.90			

<표 3> 미국 도시별 콘서트 티켓 가격 (출처: https://www.wanderu.com/blog/concert-ticket-prices-across-the-us/, 저자 가공)

합리성과 한계

합리성은 경제 주체가 각자 주관적인 만족(경제학에서는 '효용(utility)'이라 부른다)을 극대화하기 위해 선택할 수 있는 대안들의 만족감 또는 금전적 이익(경제학에서는 '편익(benefit)'이라 부른다)과 비용을 비교한다는 뜻이다. 예를 들어 유튜브에서 뮤직비디오를 볼 때 프리미엄 서비스 구독료를 내면 광고 없이 볼 수 있다. 이때 구독료는 '비용'이고, 광고 없이 뮤직비디오를 볼 때 느끼는 만족감은 '편익'이다. 합리적인 사람은 구독료와 만족감을 비교하여 효용을 극대화한다. 만족감이 구독료보다 크다면 프리미엄 서비스를 이용하고, 만족감이 비용에 미치지 못하면 광고가 끝날 때까지 기다리는 불편을 감수할 것이다. 그리고 이런 선택의 문제는 프리미엄 서비스에 쓸 수 있는 돈이 정해져 있다는 '자원의 희소성' 때문에 발생한다. 지불할 돈이 무한정 있거나 모든 서비스가 무료라면 선택과 합리성이라는 개념은 무의미하다.

'한계(marginal)'는 쉽게 말해 '변화량'이다. 다수의 선택 중 하나를 골라야 하는 상황이라면 합리적 결정은 비용·편익 총량 비교가 아닌 변화량 비교에 근거한다. 예를 들어 '메롱'이라는 스트리밍 서비스의 한 달 구독료는 9,200원으로 약간 저렴하지만 국내 음악 위주이고, '스티포파이' 스트리밍 서비스는 해외 음악도 제공하는 대신 9,800원으로 메롱보다 비싸다고 가정하자. 자원이 희소하므로 우리는 두 음원 서비스 중 하나만 선택해야 한다. 합리적인 판단은 음원 서비스의 총비용(9,200원이나 9,800원)을 음원 서비스가 주는 만족감과 비교하는 것이 아니고, 메롱보다 비싼 스티포파이를 선택할 때 발생하는 600원(9,800원−9,200원)의 추가 비용과 해외 음악까지 즐길 때 발생하는 만족감을 비교하는 것이다. 즉, 합리적 선택은 '추가'된 비용이 '추가'된 만족감보다 크냐 작냐에 따라 달라지는데 이 추가분(변화량)이 바로 한계이다. 이때 추가로 발생하는 비용은

	메롱	스티포파이
총비용	9,200원	9,800원
메롱 → 스티포파이 한계비용	600원	
메롱 → 스티포파이 한계편익	해외 음악까지 추가로 즐기는 만족감	

〈표 4〉 메롱에서 스티포파이로 변경할 때의 한계비용과 한계편익

'한계비용', 추가로 발생하는 만족은 '한계편익'이라 부른다.

수요와 공급

수요란 무엇일까? 많은 사람이 고급 차나 부촌의 아파트를 갖고 싶어 한다. 그렇다면 '벤츠 승용차나 강남 아파트에 대한 수요가 높다.'라고 말할 수 있을까? 꼭 그렇지는 않다. 왜냐하면 경제학에서 수요란 '구매력'이 뒷받침된다는 전제 하에 '지불할 용의가 있는 가격'이기 때문이다. 그럼 지불할 용의가 있는 가격은 어떻게 도출될까? 역시 소비자는 재화와 서비스로부터 느끼는 만족감만큼 돈을 지불할 용의가 있을 것이고, 소비를 증가시킬수록 추가되는 만족감(한계편익)은 줄어들 것이므로 지불할 용의가 있는 가격(수요)도 줄어들게 된다. 이때 유의할 점은 소비를 늘릴수록 만족감의 총량은 올라가지만 추가된 만족감은 줄어든다는 사실이다.

예를 들어 갈증이 극에 달한 여름날 탄산음료에 대한 만족감을 상상해 보자. 첫 번째 마시는 캔은 청량감이 매우 높다. 두 번째 캔도 시원하긴 하지만 첫 번째만큼은 아닐 것이다. 세 번째 캔은 어떠한가? 두 번째 캔보다는 청량감이 낮다. 캔을 하나씩 더 소비할수록 누적되는 총 만족감은 증가하지만 추가 만족감은 줄어든다. 이 추가 만족감이 소비자가 지불할 용의가 있는 가격이며, 곧 수요다. 수요를 소비량과 가격의 관계로 표현

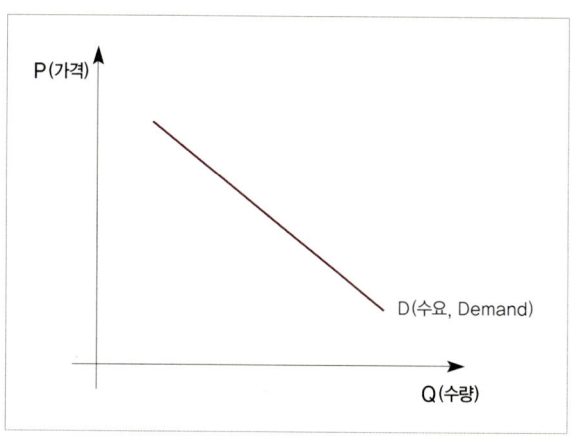

[그림 3] 수요 곡선

하기 위해 가격(P)을 Y축에 두고 수량(Q)을 X축에 표기하면 [그림 3]에서 보듯이 곡선은 우하향 한다.

공급은 거꾸로 생산자 입장에서 생각하면 된다. 공급은 생산자가 현재 생산량에서 생산물을 한 단위 더 팔 때 받고자 할 용의가 있는 가격이다. 이는 손실을 보지 않기 위해 받아야 하는 최소한의 가격이므로 생산물을 한 단위 더 생산할 때 발생하는 생산비용으로 '한계비용'이라 부른다. 한계비용은 생산량을 늘릴수록 증가한다. 왜일까? 일반적으로 생산에 필요한 요소를 노동, 자본, 기술(여기서 '기술'은 과학기술뿐만 아니라 아이디어, 경영 능력, 제도, 문화, 직원의 사기 등 생산 효율성을 변화시키는 무형의 생산요소를 모두 포함한다)로 분류하는데, 대개 생산자들이 단기적으로는 생산요소를 모두 한꺼번에 증가시키기 어려우므로 증산을 위해 한 요소의 투입만을 증가시키기 때문이다.

예를 들어 피자 가게의 생산 과정을 생각해 보자. 노동은 요리사, 자본은 오븐, 기술은 조리법에 비유된다. 거대 금속 장비인 오븐은 조달 기간이 길어서 대수를 늘리기 쉽지 않으므로 그 대신 요리사를 추가 고용하여

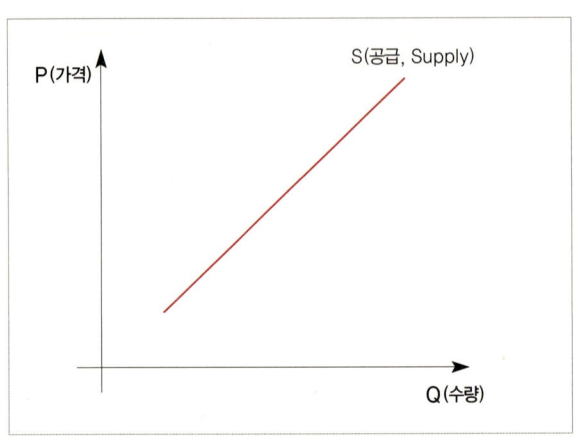

[그림 4] 공급 곡선

피자를 증산한다면 어떤 일이 일어날까? 처음에는 요리사 한 명을 추가할 때마다 피자 한 판이 더 생산된다. 문제는 오븐은 한 대밖에 없고 요리사는 많아지고 있다는 것이다. 피자 생산은 늘어나겠지만, 주방은 붐비게 되고 결국 오븐을 사용할 수 없는 요리사가 생긴다. 추가된 요리사가 생산하는 피자(한계생산물) 생산량이 감소하여, 요리사 한 명을 추가해도 피자 한 판조차 생산할 수 없게 된다. 이것은 피자를 한 판 더 생산하기 위해 요리사를 한 명 이상 고용해야 한다는 것을 의미한다. 결국, 피자 한 판당 인건비(한계비용)는 피자를 증산할수록 늘어난다. 이렇듯 생산량이 커지면서 발생하는 비효율성 때문에 한계비용은 증가하므로 공급곡선은 [그림 4]처럼 우상향 한다.

시장과 균형

'시장'은 소비자와 생산자가 만나 거래가 이루어지는 곳을 말하며, 물리

한계생산 체감과 한계비용 체증의 법칙

한 종류의 생산요소를 증가시킬 때 생산량이 생산요소의 증분만큼 늘어나지 않는 현상을 '한계생산 체감'이라고 하며 '수확체감'이라 부르기도 한다. 비용 측면에서 보면, 일정한 증산을 위해 필요한 생산요소가 증가하는 현상이므로 '한계비용 체증'이다. 경영자의 목표는 생산요소의 최적 조합을 찾아 한계생산 체감을 극복하여 증산의 효율성을 달성하는 데에 있다.

적 공간뿐만 아니라 무형의 시설, 기구, 과정 등을 포괄적으로 포함한다. 소비자와 생산자가 직접 만나지 않아도 '보이지 않는 손', 즉 수요 곡선과 공급 곡선의 상호 작동에 의해 시장에서 거래가 성사된다. 이 개념은 [그림 5]의 그래프에서 수요·공급 곡선이 만나는 점으로 표현될 수 있으며, 이는 '시장에 특별한 충격이 발생하지 않는 한 유지되는 상태'라는 의미로 '시장균형'이라고 부른다. 균형에서 결정되는 '균형가격'과 '균형수량'

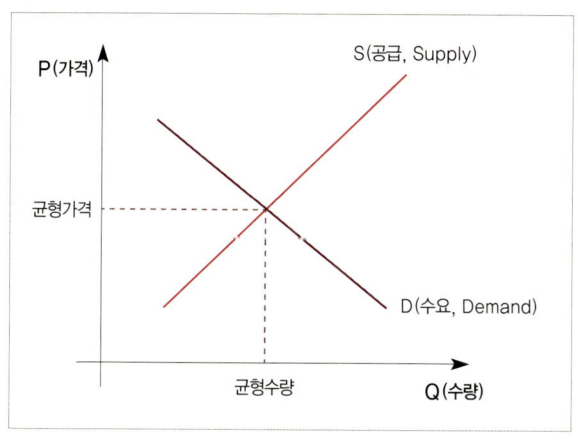

[그림 5] 균형

이 바로 우리가 백화점, 마트, 인터넷 쇼핑사이트 등에서 일상적으로 보게 되는 가격과 수량이다.

앞서 지역마다 콘서트 가격이 다른 현상을 확인했다. 이는 지역마다 음악팬들의 만족감과 콘서트 제작 비용에 영향을 미치는 요인들이 다르기 때문이다. 예를 들면, 지역마다 문화나 유행이 다르므로 선호하는 뮤지션

쉬·어·가·기

티켓 파워

티켓 판매량은 공연시장의 균형수량이다. 뮤지션들은 각기 다른 상품을 제공한다. 그들의 음악은 서로 보완재이거나 대체재일 것이다. 뮤지션들의 콘서트 티켓 판매량을 평가하려면 코로나 대확산 이전을 기준으로 평가하는 것이 정확할 것으로 보인다. 물론 오프라인 콘서트 수요와 음원 수요가 정확히 일치하지는 않을 것이다. 공급 측면에서 볼 때 오프라인 콘서트를 위주로 음악을 공급하는 뮤지션이 있는가 하면, 스트리밍이나 음원 판매를 주력 사업모델로 하는 뮤지션이 있을 수 있다. 뮤지션들의 공연 통계를 집계하는 touringdata에 따르면 코로나 대확산 이전 2019년 1위는 핑크(P!NK)가 차지했다. 핑크의 공연을 보기 위해 2억1600만 장의 티켓이 팔렸다. 엘튼 존, 메탈리카 등과 같은 베테랑들도 이름을 올렸다. 한국이 배출한 BTS는 6위에 올라 K-Pop의 존재감을 과시했다. BTS는 2013년 'No More Dream'이라는 청소년 풍 앨범으로 시작해서 2017년에는 'DNA'라는 EDM(Electronic Dance Music, 전자댄스음악) 스타일의 앨범으로 세계 무대에서 인정받기 시작했다. 이후 수많은 히트곡을 남겼는데, 2021년에는 싱글앨범 〈Butter〉를 발매하여 빌보드 싱글차트 10위에 진입하기도 했다.

순위	아티스트	총 매출	판매 티켓 수	투어 횟수
	2019년 투어링 아티스트 Top 20 (매출 기준)		※단위 : million	
1	P!nk	$216.03	1,816,263	68
2	Ed Sheeran	$211.71	2,455,718	51
3	Elton John	$203.68	1,545,660	110
4	The Rolling Stones	$177.81	784,452	16
5	Metallica	$167.58	1,657,448	41
6	BTS	$161.64	1,336,545	31
7	Ariana Grande	$145.90	1,329,061	97
8	Rammstein	$131.26	1,293,176	31
9	Michael Bublé	$126.41	1,105,339	101
10	Phil Collins	$125.29	943,113	44
11	Fleetwood Mac	$118.92	858,578	55
12	Arashi	$115.35	1,448,900	35
13	KISS	$114.74	1,102,981	91
14	Jonas Brothers	$109.87	1,035,344	74
15	Cher	$108.08	884,100	83
16	JJ Lin	$107.57	995,402	36
17	Muse	$102.36	1,308,531	55
18	Backstreet Boys	$101.36	1,066,873	99
19	Shawn Mendes	$96.70	1,315,569	105
20	Bon Jovi	$96.66	1,027,284	24

〈표 5〉 2019년 투어링 아티스트 Top 20 (매출 기준), (출처: https://touringdata.wordpress.com/2020/05/01/2019s-worldwide-year-end/, 저자 가공)

[사진 23] BTS
(출처 : 위키피디아)

이나 장르도 상이해 수요가 다를 수 있다. 공연장 임대료, 무대 설치 비용, 밴드의 여행 경비 등 콘서트 공급 비용에 미치는 영향도 지역마다 다를 것이다. 게다가 국가 간 콘서트 수요·공급은 더 이질적이므로 국가별 가격 차이는 더 클 수 있다. 따라서 한 뮤지션이 전 세계적으로 인기를 누린다는 것은 매우 많은 조건이 충족되어야 가능한 일임을 알 수 있다.

2. 코로나 팬데믹과 음악 소비

코로나 팬데믹 이후, 봉쇄나 자택격리 같은 방역 조치들로 인해 사람들이 집 밖에서 하던 활동들을 집 안으로 들여와야만 하는 상황이 벌어졌다. 홈오피스, 홈트레이닝 등의 신조어가 생기고 관련 상품의 소비가 증가했다. 홈엔터테인먼트도 마찬가지이다. 극장에 가지 못하게 되자 집에서 영상물을 시청하는 사람이 늘었다. 시장조사 전문기업인 닐슨코리아는 2020년 1월 대비 11월 넷플릭스 이용자 수가 64.2% 증가했다고 보고했다. 그렇다면 음악은 어떨까? 우리는 밖으로 나가지 못하게 된 사람들이 집에서 장시간 생활하며 음악을 더 많이 듣게 될 것이라고 예상하기 쉽다.

그러나 한 연구는 이동성이 떨어질수록 음악 스트리밍 서비스 이용량이 줄어든다고 보고했다.[69] 이 연구는 60개 국가에서 시행한 봉쇄나 자택격리 등의 방역 조치와 음악 스트리밍 서비스 이용량 사이의 상관관계를 분석하였는데, 대부분의 국가에서 이동성과 음악 소비가 서로 역의 상관

---

[69] Sim, Jaeung and Cho, Daegon and Hwang, Youngdeok and Telang, Rahul, Virus Shook the Streaming Star: Estimating the COVID-19 Impact on Music Consumption (July 11, 2020), Marketing Science, Forthcoming, Available at SSRN: https://ssrn.com/abstract=3649085 or http://dx.doi.org/10.2139/ssrn.3649085

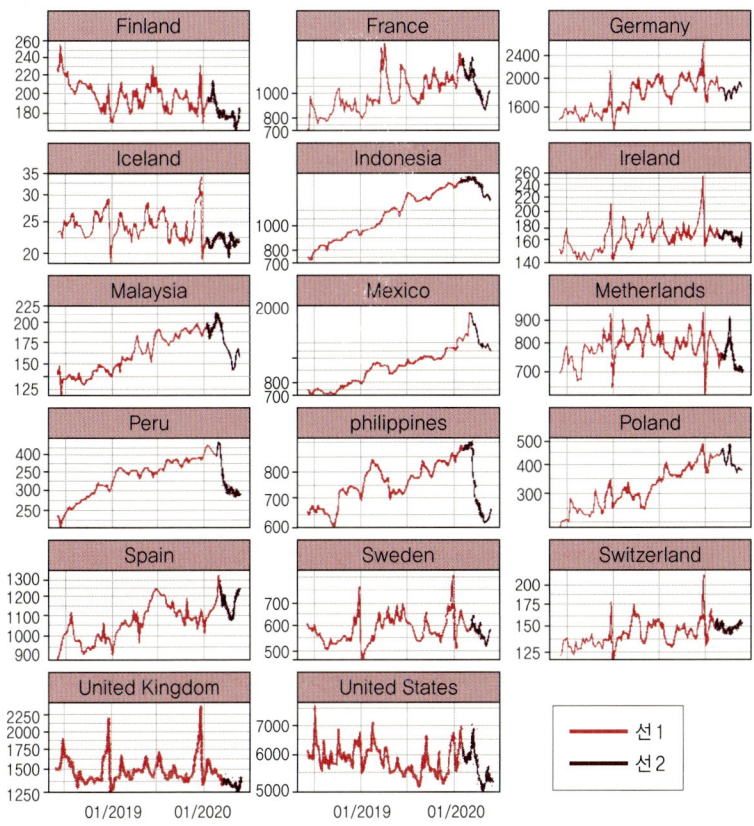

[그림 6] 각국 이동성과 음악 소비의 상관관계 (출처: Sim, Jaeung and Cho, Daegon and Hwang, Youngdeok and Telang, Rahul, Virus Shook the Streaming Star: Estimating the COVID-19 Impact on Music Consumption (July 11, 2020), 저자 가공)

관계를 갖는 것으로 나타났다. [그림 6]은 연구결과의 일부를 발췌한 것이다. 선1로 표기된 실선은 이동 제한이 없는 시기가 포함된 기간이다. 관측기간 동안 스트리밍 서비스 이용량이 꾸준히 증가했던 국가에서도 이동 제한 후에는 급감하는 것이 보인다.

음악은 우리 일상에서 주로 배경 역할을 담당한다. 우리는 흔히 전철이나 자동차 같은 교통수단에 탑승했을 때 음악을 자주 듣는다. 술집에서 사람들과 술을 마실 때, 커피숍에서 담소를 나눌 때, 백화점에서 쇼핑할 때, 헬스장에서 운동할 때, 심지어 엘리베이터 안에서도 음악이 배경으로 흘러나온다. 이 연구 결과는 영화나 드라마 같은 영상물의 시청 목적이 영상물 자체를 소비하는 것임에 반해, 음악은 다른 활동을 방해하지 않는 선에서 보완적인 역할을 하고 있음을 방증한다.

보완재와 대체재, 내구재와 비내구재

보완재란 다른 재화나 서비스의 소비를 보완하는 속성을 가진 재화나 서비스다. 기타와 기타줄, 전자기타와 앰프, MP3 파일과 음원 재생기, 키보드와 모니터, 자동차와 타이어 등이 보완재의 예다. 대체재는 다른 재화나 서비스를 대체하는 속성을 가지고 있다. MP3 파일 음원은 CD음원의 대체재다.

음악 간 대체성은 매우 낮은 것으로 알려져 있다. 예를 들어 장르 간 대체성이나 연주자 간 대체성은 낮다. 재즈에서 얻는 만족을 록이 대체하기 어렵고, 록 안에서도 연주자 간 완벽한 대체란 불가능하다. 이는 독창성이라는 예술의 본질적인 성격 때문이다.

음악 상품은 음원 파일 같이 반복적으로 청취가 가능한 레코딩 음악과 공연 때 연주되거나 스트리밍 서비스로 제공되는 라이브 음악으로 나눌 수 있다. 레코딩 음악은 '내구재(durable goods)'이고 라이브 음악은 '비내구재(non-durable goods)'의 성격을 가진다.

3. 비싸지더라도 계속 듣겠습니까?

우리는 수요곡선의 기울기가 우하향한다는 것을 배웠다. 즉, 재화와 서비스의 가격이 오르면 수요는 감소한다. 음식료, 자동차, 옷 등의 판매 데이터와 같은 실증적 근거가 이 원리를 뒷받침하고 있다. 문제는 재화와 서비스의 가격이 오를 때 수요가 얼마나 감소하느냐인데, 경제학에서는 이를 측정하기 위해 '가격탄력성'이라는 개념을 사용한다. 가격탄력성이란 수요가 가격에 얼마나 탄력적으로 반응하는지 나타내는 정도다.

한 연구에 의하면 음악 수요의 가격탄력성은 복제기술 발전에 정비례한다. 예를 들어 1970~80년대 영국에서 판매된 LP판(비닐 레코딩)의 가격이 1% 올랐을 때 수요가 0.8% 감소했다고 보고된 적이 있다.[70] 이 경우 가격탄력성은 –0.8이다. 카세트 테이프와 CD시대였던 2000년대 데이터를 분석해보니 탄력성이 –0.64로 추정되었다. 가격이 1% 올랐을 때 수요가 0.64% 감소한 것이다. 그러나 이후 기술 발전으로 음원파일 공유가 가능하게 되자 탄력성은 –1.4로 두 배 이상 증가했다.[71] 음악 복제가 쉬워지자 소비자들이 가격상승에 대해 더 민감하게 반응한 것이다.

재화와 서비스 수요는 소득 증가에 따라 강해지는 경향이 있다. 이 경향은 '소득탄력성'이라고 부르는데, 음악 수요의 소득탄력성은 1보다 큰 것으로 다수 연구에 보고된 바 있어, 사람들이 소득 증가에 따라 음악 소비를 크게 늘리는 것으로 볼 수 있다.

---

[70] Burke, A. E. (1994), The demand for vinyl L.P.s 1975–1988, Journal of Cultural Economics, 18(1), 41–64.

[71] Stevans, L. K., & Sessions, D. N. (2005), An empirical investigation into the effect of music downloading on the consumer expenditure of recorded music: A time series approach. Journal of Consumer Policy, 28(3), 311–324.

탄력성

가격 탄력성: 가격의 변화에 따라 수요량이 반응한 정도를 나타내는 지표
소득 탄력성: 소득의 변화에 따라 수요량이 반응한 정도를 나타내는 지표

chapter
03

음악 생산

1. 음악 생산의 이윤극대화

생산자의 목적은 생산요소(노동·자본·기술)를 생산과정에 투입하여 최소한의 비용으로 최대한의 양을 생산하는 것이다. 이를 '이윤극대화(profit maximization)'라고 하며, 이것이 바로 기업의 본질적인 목적이다. 이윤극대화는 한계라는 개념을 통해 이해할 수 있다. 피자 가게 예로 돌아가 보자. 생산비용은 오븐을 살 때 지출했던 오븐 가격, 매달 나가는 임대료 등 생산량과 관계없이 지출되는 '고정비'와 생산량에 따라 증감하는 식재료, 요리사, 배달용 오토바이 등 '변동비'로 구성된다. 이 비용의 합이 '총비용'이다. 이윤에는 내 피자가 시장에서 얼마에 평가 받는지도 영향을 미치기 때문에 생산비용뿐만 아니라 피자 가격도 이윤극대화의 변수가 된다.

피자를 얼마나 생산해야 이윤이 극대화될까? 내가 1만 원짜리 피자를 열 판 생산하고 있다고 가정하자. (현실에서는 재고관리 문제가 있지만, 편의를 위해 생산된 피자는 모두 판매되는 것으로 가정한다.) 한 판을 더 팔았을 때

총매출(판매량×피자가격) 증가분은 1만 원(1판×1만 원)이다. 이 금액은 매출의 증가량이므로 '한계매출'이라고 부른다. 피자를 한 판 더 굽기 위해서는 요리사를 더 고용하면 된다. 요리사 일당이 8,000원이라면, 총비용의 증가량은 8,000원이므로 '한계비용'은 8,000원이며, 한계매출(1만 원)이 한계비용(8,000원)보다 크다. 8,000원의 한계비용이 1만 원의 한계매출을 일으킨 것이다. 8,000원을 지출하고 1만 원을 얻었으니 생산의 효율성이 발생하고 있다. 생산 효율성을 계속 이용하기 위해 피자를 더 파는 것이 합리적이므로 증산해야 한다. 한 판 더 추가다. 열두 번째 피자를 생산해서 1만 원의 한계매출이 또 발생했다. 그런데 오븐은 늘리지 않고 요리사만 늘리니 요리사들이 효율적으로 일을 할 수가 없다. 이제는 요리사 한 명을 더 고용해도 피자 한 판이 늘어나지 않는다. 피자 한 판 추가를 위해 어쩔 수 없이 요리사를 한 명 이상 써야 한다. 추가 인건비가 천 원이 늘어나 9,000원이라고 하자. 9,000원을 지불하고 1만 원을 얻었으니 생산 효율이 떨어졌다. 그러나 여전히 한계비용이 한계매출보다 크므로 증산한다. 이 과정을 반복하면 언제인가 한계비용과 한계매출이 같아지는 지점이 도래한다. 그 지점이 내 사업이 발휘할 수 있는 생산 효율성

이윤극대화 조건

증산을 위해 쓴 돈보다 매출이 늘면 생산 효율성이 발생하고 있으므로 증산해야 한다. 반대로, 증산을 위해 쓴 돈만큼 매출이 늘지 않으면 감산해야 한다.

총비용의 증가분(한계비용) 〈 총매출의 증가분(한계매출): 증산
총비용의 증가분(한계비용) 〉 총매출의 증가분(한계매출): 감산
총비용의 증가분(한계비용) = 총매출의 증가분(한계매출): 이윤극대화

을 모두 소진한 생산수준이며 이윤극대화 생산량이다. 이 수준을 초과하여 생산하면 오히려 한계비용이 한계매출보다 커지므로 생산의 비효율이 발생한다. 그때는 감산해야 한다. 정리하면, 지출한 비용이 더 많은 돈을 벌게 해주는지가 이윤극대화의 판단 기준이므로, 경영자는 한계비용과 한계매출의 비교를 통해 마치 균형추를 맞추듯이 생산량을 결정해야 한다.

물론, 뮤지션들에게는 이윤극대화가 음악 생산의 목적이 아닐 수도 있다. 디지털 미디어 문헌은 '독창성'과 '창조성'이 개인 가수나 아마추어 밴드 같은 소규모 생산자들에게 원동력으로 작용하지만, 대형 제작사처럼 생산 규모가 커질 경우 이윤극대화가 주목적이 된다고 밝히고 있다.[72] 따라서, 대형 제작사들도 효율성 분석을 통해 이윤극대화를 추구할 것이다.

'규모의 경제'와 대형화

생산자들은 누구나 대형화를 꿈꾼다. 이는 단순히 대형화가 화려해 보여서가 아니라, 대형화를 통해 얻을 수 있는 이익이 커지기 때문이다. 생산이 대형화되면서 경제성이 커지는 현상을 '규모의 경제(economies of scale)'라고 한다. 예를 들어 피자 오븐 구매에 들어가는 초기비용은 크지만, 피자 생산을 늘릴수록 비용은 빠르게 회수되고, 팔면 팔수록 이윤은 커진다. 또 생산 규모가 커질수록 노동자 간 분업이 가능해져 효율성이 올라 이윤이 증가할 수 있다. 그러나 과대 투자로 기업 규모가 너무 커지면 노동자 간 의사소통이 어려워져 비효율이 발생하고 자본과 노동 사이 최적 조합이 깨져 이윤이 감소할 수도 있다.

---

[72] Wikström, P. (2020), The music industry: Music in the cloud, John Wiley & Sons.

> 쉬·어·가·기

토미 이마뉴엘의 '범위의 경제'

'범위의 경제(economies of scope)'는 다양한 상품을 생산할수록 생산 비용이 낮아지는 현상이다. 예를 들어 햄버거 가게는 빵과 채소 등 식자재는 바꾸지 않고 소고기 패티를 생선이나 닭고기로 교체해 다양한 버거를 생산하며 비용을 절감한다. 호주 출신 핑거스타일 기타리스트 토미 이마뉴엘은 기타 한 대로 다양한 악기음을 연주하는 것으로 유명하다. 눈을 감고 그의 연주를 듣고 있으면 흡사 4~5명의 연주를 듣는 듯하다. 그는 한 강연에서 과거 자신이 규모가 큰 밴드를 운영해봤지만 이윤이 많이 남지 않아 직접 건반, 베이스, 드럼, 퍼커션 소리를 기타 한 대로 동시에 연주하는

[사진 24] 토미 이마뉴엘
(출처 : 위키피디아)

법을 연습하기 시작했다고 밝힌 바 있다. 생산 효율화를 위해 기타 한 대로 원맨(one man) 밴드가 된 것이다. 토미 이마뉴엘은 경제학을 배우지 않았지만 범위의 경제를 본능과 직관으로 실천한 대표적인 뮤지션으로 볼 수 있다.

대규모 음악 생산 참여자는 크게 작곡가, 연주자(가수와 세션 뮤지션), 음원 제작자, 공연 기획자 등으로 분류된다. 이들은 생산요소로서 노동으로 볼 수 있지만, 각자의 재능과 기술을 발휘하므로 인적자본과 노동이 결합한 요소로 보아야 한다. 악기, 음향장비, 녹음장비, 녹음시설 등

은 자본이다. 이외에도 기획, 마케팅, 홍보, 댄스 등의 보조적 생산요소도 투입된다. 이 요소들의 추가 투입으로 발생하는 한계비용과 재산권 수입, 음원 판매 수입, 공연 수입, 방송출연료, 광고 수입 등의 증가분을 종합적으로 비교하여 생산수준이 결정된다.

과거에는 음원이 LP, CD 등 실물로 제작되었는데, 지금은 디지털화되었다. 디지털 상품은 복제가 용이해 한계비용이 매우 낮으므로 대량 생산이 용이하다. 그러나 그만큼 불법 복제도 쉬워졌기 때문에 음악 생산이윤이 높아지지는 않았다. 예전보다 음원이 많이 생산되고 소비되지만, 음원 수익은 낮아지는 역설적인 현상이 발생한 것이다. 이에 따라 음악 산업의 수익모델은 더 복잡해지고 다양해졌다. 뮤지션들은 방송, 영화 등으로 활동 영역을 넓혔고 음악을 아예 영상물(보는 음악)로 출시하기도 한다. 공연, 굿즈 판매, 광고 등은 어느새 음원보다 더 중요한 수입원이 되었다.

2. 뮤지션의 생존매뉴얼

뮤지션들을 위한 비영리기관 Future of Music Coalition에 따르면, 미국 뮤지션들 중 절반 이상이 쓰리잡(three jobs)을 갖고 있으며, 작곡, 녹음, 공연 등의 수입은 그들 소득의 80% 이상을 차지하고 있다. 이 통계는 음악 활동이 풍족한 삶을 누리기 위한 생업이 되기가 매우 힘들다는 것을 의미한다. 이에 대해 버클리 음대 음악경영학과 알렉산더 페린 교수는 뮤지션 지망생들이 상업적으로 성공하기 위해 숙지해야 할 매뉴얼을 제시했다.

매뉴얼 1 : 기술, 저작권,[73] 펀딩

기술의 진보로 누구나 쉽게 음악을 출시할 수 있게 되었다. 심지어 컴퓨터와 소프트웨어(예: Ableton, Protools)만으로 음원을 만들어 배포하는 지망생들도 많아졌다. 음원에 대한 지적 재산권이 강화되면서 저작권 수입은 뮤지션들에게 중요한 소득원이 되었지만 음원 저작권료는 뮤지션들에게 골치 아픈 문제이기도 하다. 왜냐하면 저작권 수입원이 매우 다양하고 수입 경로가 복잡한 데다가 저작권 침해가 발생했을 때 뮤지션이 전문가의 조력 없이 대응하기 어렵기 때문이다. 따라서 뮤지션들은 뮤지션들의 활동을 지원하고 대행하는 출시사들을 이용하는 추세이다. 현재 비틀즈 멤버인 폴 매카트니와 밥 딜런, 밥 말리, 피닉스 등은 주요 출시사 중 하나인 Kobalt의 고객이다. 1인 제작도 많아지고 있다. 크라우드 펀딩을 이용하는 방식인데, 뮤지션들이 크라우드 펀딩 플랫폼에 자신의 음악을 소개하고 이를 지지하는 잠재 팬들에게 투자나 기부를 받는다.

> **쉬·어·가·기**
>
> **유튜브가 없었다면 저스틴 비버는 지금 어디에 있을까?**
>
> 저스틴 비버는 캐나다 출신의 월드 스타이다. 그런데 아마 유튜브가 없었다면 저스틴 비버가 지금의 성공을 누리긴 힘들었을 것이다. 그는 결손가정 출신이다. 비버의 어머니는 싱글맘으로 생활고 속에서 비버를 양육했다. 다행히 비버는 어려서부터 음악적 재능을 보였고 피아노, 드럼, 기타 등 여러 악기를 배웠다. 그가 불과 15살의 나

---

[73] 음악에 대한 권리는 작사·작곡가의 저작권, 연주자의 저작실연권, 음원에 대한 제작자의 마스터권으로 나뉘는데, 이 책에서는 편의상 저작권으로 통칭한다.

이에 캐나다 핫 차트 12위에 오를 수 있었던 이유는 13세 때 유튜브에 올린 데모 비디오가 우연히 유명 제작자 스쿠터 브라운의 눈에 띄었기 때문이다. 스쿠터 브라운은 유튜브 영상을 통해 비버의 스타성을 간파하고 R&B 가수 어셔에게 비버를 맡겨 훈련시켰다. 이후 비버는 약 1억5천만 장에 달하는 누적 앨범 판매량을 올리는 대스타가 되었다. 만약 저스틴 비버가 자신의 데모 영상을 유튜브에 올리지 않았다면 지금 어디서 무엇을 하고 있을까? 길은 찾는 자에게 열리는 것 같다.

[사진 25] 저스틴 비버 (출처: 위키피디아)

[사진 26] 유튜브 (출처: pixabay)

매뉴얼 2 : 인터넷과 스트리밍

아무리 좋은 음악이라도 소비자에게 전달되지 못하면 사장될 수밖에 없으므로 음원 판로를 파악하는 일도 중요하다. 대부분의 음악은 스트리밍으로 소비된다. 유튜브, 스포티파이(Spotify) 등의 디지털 플랫폼은 광고 및 프리미엄(premium) 수익모델이다. 스포티파이나 디저(Deezer)[74] 같은 온디맨드(on-demand) 서비스는 프리미엄 방식인데, 광고 청취의 대가로 무

---

[74] 프랑스 온라인 음악 스트리밍 서비스

료 스트리밍을 제공하며, 유료로 전환하면 광고 없는 무제한 스트리밍 서비스를 받을 수 있다. 그런데 온디맨드 플랫폼들은 아직 많은 수익을 내지 못하고 있다. 그 이유는 제작사에게 지불하는 저작권료와 이동통신사에게 지불하는 네트워크 사용료로 큰 비용을 쓰고 있기 때문이다. 이것만 보더라도 저작권료가 얼마나 중요한 수입원인지 알 수 있다.

매뉴얼 3 : 메이저 제작사

음악 산업에서 가장 큰 힘을 가지고 있는 주체는 메이저 제작사다. 이들은 '미끼 전략'을 사용한다. 메이저 제작사는 뮤지션에게 음원 제작 비용을 지불하고 음원 판매 손실 위험을 감당하는 대가로 광고, 방송, 영화 등 비음악 사업에서 돈을 번다. 음원 복제비용이 너무 낮아 음원 판매만으로는 돈을 벌기 어려운 상황에서 음원을 활용한 다른 사업에서 매출을 올리는 것이다. 뮤지션에게 생활비, 마케팅비 등 발굴 비용을 지불하고 음원 재산권과 공연 수익에 대한 권리를 요구하는 경우도 많은데, 신인들에게 매력적인 딜이지만 충분한 법률적 검토 없이 계약을 체결할 경우 큰 손해를 입을 수 있다.

3. 음악 시장의 슈퍼스타 독식 가설

경제학을 수리화하여 경제학의 현대화에 기여한 알프레드 마샬은 1800년대 서구 사회의 눈부신 경제 발전은 증기기관, 방직기술, 제철기술 등 산업혁명 당시 발생한 각종 기술혁신에 기인한다고 생각했다. 그는 기술혁신에 기인한 한계비용 절감 덕분에 고품질 상품의 대량 생산이 가능해졌다고 주장했으며, 기술혁신에 성공한 생산자들이 시장을 독식하게 될 것이라고 예측했다. 이것이 '슈퍼스타 독식 가설'이다. 그러나 마샬은 유독 음악 시장만큼은 예외로 보았다.[75] 마샬은 당시 뮤지션들이 저비용 대량 생산을 위해 사용할 수 있는 기술이 없었기 때문에, 슈퍼스타 독식 가설이 적용되지 않는다고 생각했다. 게다가 음악은 예술품이므로, 소비자는 가창력이나 연주의 난이도 같은 음악의 질적인 요소보다 순전히 주관적인 기준으로 음악을 선택하게 된다. 이 때문에 음악의 질이 성공을 담보해 주지 못할 수도 있다는 것이다.

시간이 지나 라디오, 전보, 음향 기술이 발전했고 1980년대 일부 경제학자들은 음악 시장에서도 슈퍼스타 독식이 가능하다고 주장하기 시작했다.[76] 실제 엘비스 프레슬리, 비틀즈, 롤링 스톤스, U2 등 일부 극소수 뮤지션들이 음악을 전 세계적으로 판매하여 천문학적인 부를 쌓은 것을 생각하면 이 주장은 설득력이 있다. 심지어 이 경제학자들은 가창력이 높은 가수들은 서로 대체성이 낮아 상위 가수 중에도 극소수가 시장을 독식한다고 보았다. 예를 들어 빌보드 차트 1위 가수와 2위 가수 간 실력 차이는 크지 않기 때문에 1위 가수의 음원을 구매하나 2위 가수의 음원을 구매하나 소비자의 만족도는 별반 차이가 없다. 그럼에도 대다수 소비자는 이왕 비용을 지불한다면 1위 가수의 음원을 구매한다는 것이다. 결국, 가창력이 월등한 가수들이 녹음기술과 통신기술을 이용해 시장을 독식하는 것이 아닐까? 그러나 1990년대에 발표된 실증연구는 가수의 가창력이 증가해도 음반 판매량 증가는 미미하므로 소비자들이 가창력만 보고 음반을 사는 게 아니라고 주장했다.[77] 가창력이 우수한 가수들의 시장 독식이

---

[75] Marshall, A. (2009), Principles of economics: unabridged eighth edition, Cosimo, Inc.
[76] Rosen, S. (1981), The economics of superstars, The American economic review, 71(5), 845-858.
[77] Hamlen Jr, W. A. (1991), Superstardom in popular music: Empirical evidence, The

어렵다는 설명이다. 이후 슈퍼스타 독식 가설과 부합하는 실증연구들도 나왔지만, 다시 이를 뒤집는 연구들이 발표되고 있어 이 가설은 여전히 논쟁거리로 남아 있다.

시장 유형과 음악 시장

일반적으로 시장은 생산자 간 경쟁 정도에 따라 '완전경쟁 시장', '과점 시장', '복점 시장', '독점 시장'으로 나뉜다. 완전경쟁 시장은 말 그대로 경쟁이 무한하여 완전히 경쟁적인 시장이다. 이런 시장에서는 생산자와 소비자가 무수히 많아 생산자들이 가격을 마음대로 정할 수 없다. 생산자가 혼자 가격을 올리더라도 소비자들이 그 가격을 용납하지 않기 때문이다. 오직 수요·공급에 따라 자연스럽게 가격이 결정되고 생산자나 소비자는 그 가격을 수용한다. 과점은 소수의 생산자만 참여하는 시장인데, '이동통신', '대형마트', '은행' 등이 이에 해당한다. 완전경쟁과 달리 생산자들의 가격결정권이 강한 편이다. 복점은 생산자가 둘인 시장이며 생산자들의 가격결정권도 과점보다 강하다. 독점은 단일 생산자가 모든 상품을 공급하는 시장이기 때문에 완전경쟁과 정반대 성격을 갖고 있다. 다른 생산자의 눈치를 볼 필요가 없으므로 오로지 독점생산자만이 가격결정권을 행사한다. 일반적으로 소비자의 '후생'은 시장이 경쟁적일수록 커진다. 생산자의 가격결정권이 약할수록 저렴한 상품을 공급받을 수 있기 때문이다. 한 가지 중요한 가정은 시장에서 거래되는 재화와 서비스는 동질적이어서 생산자들의 상품이 서로 대체 가능하다는 점이다.

음악은 뮤지션, 제작자, 스트리밍 플랫폼, 이동통신사 등을 통해 공급

Review of Economics and Statistics, 729-733.

> **사회적 후생**
>
> 후생은 사람들의 생활을 넉넉하고 윤택하게 하는 일이다. '사회적 후생(welfare)'은 사회 전반의 생활, 혹은 생활 수준을 윤택하게 하는 일이나 생활 수준인데, 경제학에서는 소비자와 생산자가 시장 거래에서 이득을 봤다고 느끼는 정도로 측정된다.

된다. 공급 경로가 다층적이기 때문에 음악 시장은 한 가지 시장으로 정의할 수 없다. 제작과 스트리밍 서비스는 과점 시장이다. 소수의 메이저 제작사들이 음원을 제작하고 멜론, 지니, 벅스, Spotify 등 소수의 공급자가 스트리밍을 공급한다.

라이브 공연 시장은 독점시장으로 볼 수 있다. 예를 들어 나훈아 팬들은 나훈아를 보기 위해 나훈아 공연에 간다. 나훈아 공연을 남진, 현철, 설운도, 태진아, 송대관의 공연으로 대체할 수 없다. 나훈아는 본인만의 독특한 멜로디와 감성을 판매함으로써 독점 시장을 구축한 것이다. 그런데 나훈아, 현철, 설운도, 태진아, 송대관 모두 트로트라는 장르 안에서 경쟁하고 있어서 장르 내 시장(특히 음원)은 '독점적 경쟁'으로도 볼 수 있다. 독점적 경쟁이란 '생산자가 동일한 상품에 변화를 가미하여 독점력을 발휘하는 시장 상태'이다. 미용실, 짜장면 등이 독점적 경쟁 상품의 예다. 생산자끼리 동일한 상품으로 경쟁하지만 상품마다 품질과 스타일이 다르기 때문에 단골이 생기기도 한다.

최근에는 소프트웨어와 플랫폼 기술발전으로 1인 제작도 성행하고 있다. 뮤지션이 혼자 음악을 제작하고 판매하는 방식으로 유통마진이 제거된 상품을 공급하는 셈이다. 그러나 제작사들이 제공하는 홍보, 마케팅, 주변 사업 발굴 등도 상업적 성공에 중요하므로 뮤지션이 음원 자체만으로 시장에서 경쟁하기는 녹록지 않다.

> **쉬·어·가·기**
>
> ### 트로트 라이벌 남진과 나훈아
>
> 트로트는 해방 이후 들어 온 서구 음악의 펜타토닉 음계와 한국 민요가 혼합된 음악 장르다. 트로트는 반복적인 리듬을 사용해 따라 부르기가 쉽고, 멜로디가 정형적이어서 국악에 익숙한 한국인에게 이질감이 없다. 일본의 엔카와 자주 비교되는데 엔카보다는 음역이 넓고 전형성이 낮다. 우리나라 트로트계를 대표하는 영원한 라이벌은 남진과 나훈아다. 이들은 1970년대부터 오랫동안 경쟁했고 팬덤도 양분되어 있다. 남진은 도시적인 이미지와 대중성으로 어필했고, 나훈아는 투박한 외모와 가창력으로 승부했다. 남진은 트로트뿐만 아니라 엘비스 프레슬리 스타일의 로큰롤도 소화했다. 그의 대표곡으로는 '님과 함께', '젊은 초원' 등이 있다. 나훈아는 '잡초', '무시로', '고향역' 등을 불렀는데 가수뿐만 아니라 작사가와 작곡가로도 활동하였다.
>
>
>
> [사진 27] 남진 (출처: 위키피디아)　　[사진 28] 나훈아 (출처: 위키피디아)

4. 빌보드 차트에서 어떤 곡이 대박 날까?

상술한 대로 고품질(품질 기준: 가창력, 연주 난이도) 음악을 연주하는 뮤지션들이 음원 전파기술을 이용해 시장을 잠식한다는 음악 슈퍼스타 독식 가설의 타당성에 대해 결론이 나지 않고 있다. 여기에 더해, 가창력뿐만 아니라 음악 스타일도 인기를 결정하는 요인이라는 주장이 제기되고 있다. 음악의 전형성(typicality)과 독창성(novelty)에 주목한 연구가 이 주장을 뒷받침하고 있는데, 이 연구는 특정 곡의 박자, 음계, 어쿠스틱, 댄스풍 등의 유사도가 곡의 흥행 여부를 결정한다는 것을 밝혀냈다.[78] [그림 7]은 1958년부터 2016년까지 빌보드 차트에 오른 2만 7천여 곡을 분석한 결과다. X축은 기간이고 Y축은 곡의 전형도다. 1위 곡들의 평균 전형도

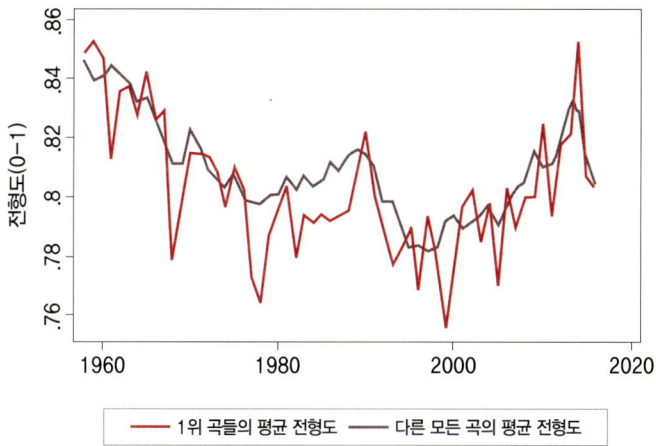

[그림 7] 빌보드 차트 1위 곡과 다른 모든 곡들의 평균 전형도, (출처: Askin, N., & Mauskapf, M. (2017). What makes popular culture popular? Product features and optimal differentiation in music. American Sociological Review, 82(5), 910-944, 저자 가공)

---

78 Askin, N., & Mauskapf, M. (2017). What makes popular culture popular? Product features and optimal differentiation in music. American Sociological Review, 82(5), 910-944.

와 차트에 오른 모든 곡들의 평균 전형도의 추세는 비슷하다. 그러나 1위 곡들의 평균 전형도는 전체 곡보다 낮은 경향이 뚜렷하다. 이 연구 결과는 전형성과 독창성 간 최적 조합을 찾는 데에 성공한 곡들의 흥행 확률이 높다는 근거로 볼 수 있는데, 쉽게 말해 어떤 곡이 흥행 하기 위해서는 장르 내의 곡들과 비슷하지만 독창적이어야 한다는 것이다.

음악 시장이 완전경쟁적이라면 뮤지션의 가창력이나 연주 숙련도 같은 동질적 기준으로 곡의 흥행이 결정되어야 한다. 그러나 이 연구는 음악 수요가 감성, 스타일 등 개인적 선호를 반영하므로 음악은 유사한 인기 곡들과 적절하게 차별돼야 소비자의 선택을 받는 독점적 경쟁상품이라는 것을 다시 한번 확인하고 있다.

쉬·어·가·기

독점적 경쟁 시장과 에릭 클랩튼

미국 Rock & Roll 명예의 전당에는 '에릭 클랩튼은 신이다…. 그는 레게, 블루스, 록 등의 장르를 망라하며 영향력을 끼친 다재다능한 예술가이다'라는 헌정사가 기록되어 있다. 그는 1960년대부터 60년간 작사, 작곡, 보컬, 기타, 제작 등 모든 역할을 하고 있고, 정통 록·블루스 뮤지션이지만 'Tears in Heaven'처럼 대중적인 발라드 가요를 만드는가 하면 심지어 'I shot the sheriff'라는 레게 곡도 히트시켰다. 뮤지션이 단일 장르에서 성공하기도 어려운 일인데, 그는 오랜 시간 동안 여러 장르를 넘나들고 있다. 80세 가까운 나이에 이미 살아있는 전설이 된 그가 언제까지 활동할지 무척 궁금하다.

[사진 29] 에릭 클랩튼
(출처: 위키피디아)

5. 라이브 공연과 가격차별

음원이 디지털화되고 복제가 쉬워지면서 라이브 공연이 뮤지션들의 주 수입원으로 떠올랐다. 과거 주 수입원이었던 레코딩 음악은 공연 수입을 보완하는 역할로 남게 되었다.[79] 라이브 공연은 독점 상품이다. 독점생산자는 가격결정권이 있으므로 (소비자가 공연을 위해 얼마나 지불할지 알 수 있다면) 지불할 용의가 있는 최대 가격을 티켓 가격으로 책정할 것이다. 이를 '가격차별'이라고 한다. 예를 들어 경매를 생각해보자. 경매는 경매에 참여한 다수의 입찰자(소비자)가 자기가 지불할 최대 금액을 공개하고 판매자가 그 금액을 받아들이면 성사되는 거래 방식이다. 경매에서는 생산자는 소비자의 수요 정보를 정확하게 파악할 수 있다. 경매보다 가격차별 정도는 낮지만 날짜와 시간에 따라 항공사가 요금을 다르게 매기는 항공권도 가격차별이다. 비행하기 편한 시간의 항공권 수요가 높으므로 항공사는 프라임 시간대에 높은 요금을 책정한다. 이는 역시 항공사의 독점력 행사가 가능하기 때문이다.

라이브 공연은 어떨까? 가장 쉬운 가격차별 방법은 무대와 좌석 간 거리에 따라 가격을 달리하는 것이다. 실제로 좌석 위치에 따라 관객의 경험이 다르므로 좌석 가격을 달리 매기는 경우를 자주 볼 수 있다. 한 연구는 라이브 공연의 가격차별에 관심을 갖고 100명의 유명 뮤지션들이 1992년부터 2005년 사이 개최한 20,000여 개의 공연을 분석했다.[80] 이 연구의 결과는 흥미로웠다. 좌석에 따라 가격을 차별하면 단일 가격제에 비해 5%의 매출 증가가 발생함에도, 공연기획자들은 가격차별을 충분히 활

---

79 Connolly, M., & Krueger, A. B. (2006), Rockonomics: The economics of popular music, Handbook of the Economics of Art and Culture, 1, 667–719.
80 Courty, P., & Pagliero, M. (2012), The Impact of Price discrimination on Revenue: Evidence from the concert industry, Review of Economics and Statistics, 94(1), 359–369.

용하지 않았다. 표본 중 약 25%의 공연에서 가격차별 없이 단일 가격이 사용되었고, 가격차별이 있더라도 대부분은 2종 가격이었다.

이 연구는 공연기획자들이 가격차별을 할 여지가 충분히 있었다고도 지적했다. [그림 8]은 표본에 포함된 공연장의 좌석수와 가격차별 빈도 간에 정비례 관계가 나타남을 보여준다. 공연장이 클수록 좌석 가격을 다양화하기 쉬우므로 가격차별이 자주 발생한다는 것이다. 뮤지션의 나이도 가격차별에 영향을 준다고 한다. [그림 9]에서 보이듯 뮤지션의 활동기간이 길수록 다양한 연령, 성별, 인종의 관객이 공연에 올 가능성이 크기 때문이다. 평균적으로 중년층이나 백인은 구매력이 높고 청년층과 소수민족은 구매력이 낮다. 반대로 20대 초반 젊은 가수들의 팬층이 두꺼울 리 없다. 관객이 다양할수록 지불하고자 하는 가격도 다양할 것이므로 뮤지션 나이가 많을수록 가격을 차별할 여지가 커진다.

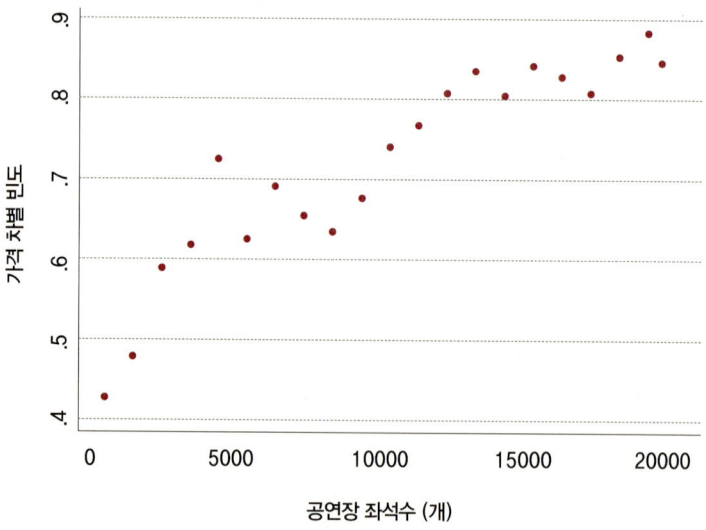

[그림 8] 공연장 좌석수와 가격차별 빈도 (출처: https://voxeu.org/article/musicians-are-leaving-money-concert-floor, 저자 가공)

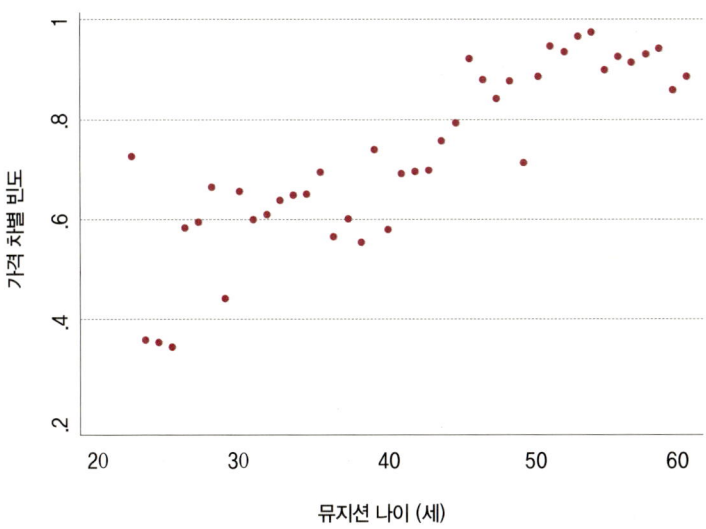

[그림 9] 뮤지션 나이와 가격차별 빈도 (출처: https://voxeu.org/article/musicians-are-leaving-money-concert-floor, 저자 가공)

수요곡선으로 본 가격차별

소비자 잉여는 소비자가 최대로 지불하고자 하는 금액, 즉 지불의사금액(willingness to pay, 또는 최대지불용의금액)에서 실제 지불한 금액을 뺀 값이다. 이는 소비자가 거래에서 이득을 봤다고 느끼는 정도를 나타낸다. 이를 수요곡선 상에서 표현하면 [그림 10]과 같다. 수요곡선의 높이는 소비자의 최대지불용의금액을 나타내며, 수요곡선의 높이에서 균형가격(P^E)의 높이를 차감한 값이 소비자 잉여가 된다. 가격차별이 적용된 시장의 소비자 잉여는 [그림 11]과 같이 표현된다. 가격차별이란 개별 소비자가 구매하고자 하는 재화의 양에 따라 차별적인 가격을 적용하는 생산자 전략이다. 소비자별로 다른 가격이 적용됨에 따라 소비자 잉여는 균형가격이 적용될 때보다 감소한다. [그림 11]에서 소비자가 구매하고자 하는 재화의 양 Q_1 Q_2 Q_3에는 각각 P_1 P_2 P_3의 가격이 적용되어 소비자 잉여 계산 시 서로 다른 값을 차감하므로 [그림 10]보다 소비자 잉여가 작다. 예컨대 전기요금이나 수도요금은 많이 쓸수록 단가가 낮아지는 가격차별의 대표적인 예다.

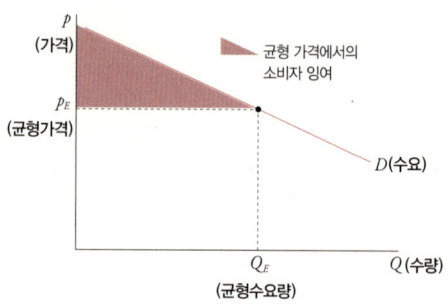

[그림 10] 가격차별이 없는 경우의 소비자 잉여

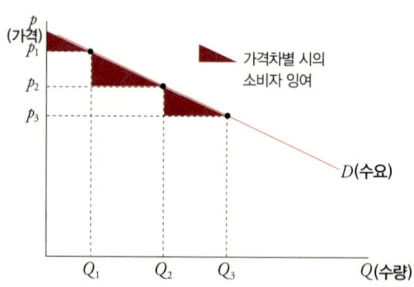

[그림 11] 가격차별이 있을 경우의 소비자 잉여

6. 가수들이 라이브 공연 티켓의 가격을 충분히 차별하지 않는 이유?

2007년 가수 바브라 스트라이샌드가 소비자들의 공분을 사 로마 공연을 취소한 일이 있었다. 당시 스트라이샌드의 로마 공연 티켓 가격이 좌석에 따라 150~900유로로 공지되었던 반면 밀라노에서 열릴 똑같은 공연 좌석은 200유로 정도였다고 한다. 이에 이탈리아 소비자 단체들은 로마시와 올림픽위원회에 거세게 항의하며 올림픽 스타디움을 공연장으로 사용하지 못하도록 압박했고 결국 바브라 스트라이샌드는 로마 공연을 취소했다. 경제학적으로 티켓 가격은 수요공급과 가격차별에 의해 결정되어야 하지만, 해당 사례에서 나타나듯 티켓 가격은 경제학 원리에 따라 간단히 결정되는 문제가 아니다.

라이브 공연 좌석에 충분한 가격차별이 발생하지 않는 이유를 밝혀내기 위해 많은 연구가 진행되고 있다. 그중 한 연구는 2015~2016년 독일 전역에서 개최된 1,500여 개의 공연을 분석하고 행동경제학적 설명을 내놓기도 했다.[81] 이 연구에 의하면 음악은 예술상품이기에 팬들의 감정이 수요에 영향을 주므로, 라이브 공연에 대한 가격차별이 쉽지 않다고 한다. 여기서 감정이란 '공정', '실망', '분노'를 말하는데, 음악 소비자들은 뮤지션들이 독점력을 행사하여 공연 개최 비용 이상의 이익을 남기거나 같은 공연에 대해 다른 가격을 받는다는 것을 알게 된 순간 공정하지 않다고 느낀다는 것이다. 팬들은 가격 결정에 대해 공정하지 못하다고 느낄 때, 실망과 분노로 공연을 조직적으로 거부할 수 있다. 따라서 이를 미연에 방지하고자 주말에 공연 수요가 높음에도 불구하고 평일과 같은 가

---

[81] Sonnabend, H. (2016), Fairness constraints on profit-seeking: evidence from the German club concert industry, Journal of Cultural Economics, 40(4), 529-545.

격이 책정되는 경향이 발견되었다. 같은 공연의 가격이 장소별로 다른 것도 수요보다는 지역별 개최 비용의 차이에서 기인한다는 것도 밝혀졌다. 라이브 공연시장은 생산자들이 독점력을 가진 시장임에도 불구하고 가격차별의 이익보다 소비자 감정을 자극하여 발생하는 수요 훼손이 더 클 수 있으므로 적극적인 가격차별이 발생하지 않는 특이한 예다.

쉬·어·가·기

장르별 콘서트 티켓 가격

록 플랫폼인 Ultimate Classic Rock에 의하면 2017~2021년 클래식 록 콘서트 가격은 평균 $119.14로 가장 비쌌다. 팝 콘서트는 $110.65로 2위를 기록했고, 라틴, 힙합, R&B가 그 뒤를 이었다. 가수별로는 70대 베테랑 록커인 브루스 스프링스틴 콘서트가 무려 $508.93을 기록하여 가장 비싼 콘서트 가수로 등극했다. 전통적으로 록 콘서트는 가격이 비싼 것으로 알려져 있다. 이는 강렬한 음악을 원하는 록 팬들의 만족도가 록을 라이브 콘서트로 즐길 때 가장 높기 때문으로 추정된다. 그리고 컴퓨터로 만들어내는 전자음악보다 전기 장비를 실연으로 많이 사용하는 록의 특성상 높은 제작 비용이 가격에 반영될 것이다.

멤버들이 60~70대가 되어 버린 클래식 록 밴드들 중 다수가 여전히 투어를 계속하고 있다. 대부분 1970년대를 풍미했던 밴드들이다. 기타를 배웠다면 누구나 한 번쯤 딥 퍼플의 'Smoke on the Water' 리프(Riff: 반복되어 곡을 상징하는 악절)를 따라 해 봤을 것이다. 콘서트를 여는 도시마다 교통을 마비시켜 새벽까지 전철을 운영하게 만들었던 'AC/DC', 예술성과 대중성 두 마리 토끼를 모두 잡은 '레드 제플린', 사회주의자로 구성된 '핑크 플로이드', 미국 하드록의 자존심으로 꼽히는 '건즈 앤 로지스', 래퍼 Run DMC와 협업한 '에어로스미스' 등 일일이 언급할 수 없는 전설적인 밴드들이 아직도 활동하고 있다. 다만 세월의 흐름따라 그들을 오래도록 볼 수 없다는 점이 너무나 아쉬울 따름이다.

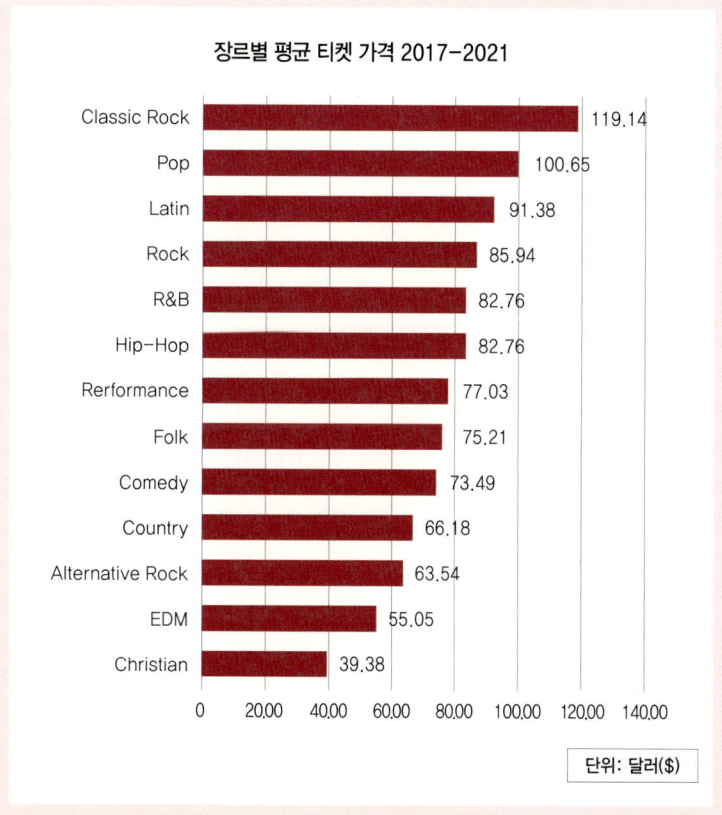

[그림 12] 장르별 평균 티켓 가격(2017-2021) (출처: https://ultimateclassicrock.com/classic-rock-concert-ticket-prices/, 저자 가공)

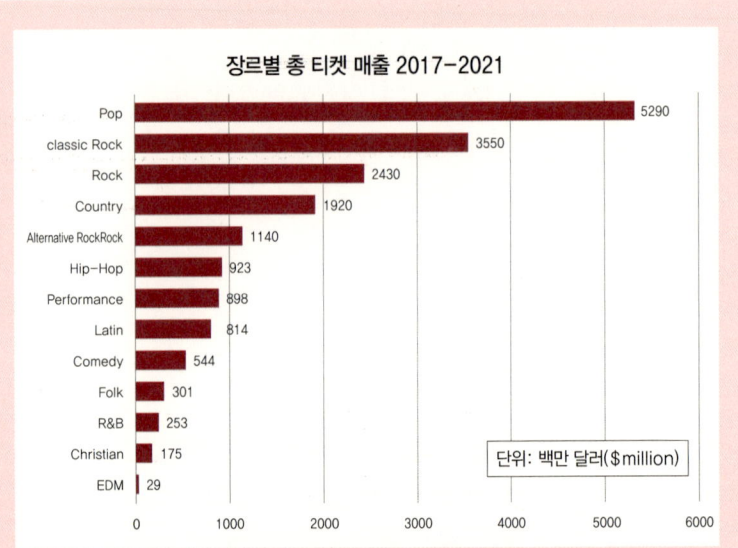

[그림 13] 장르별 총 티켓 매출(2017-2021) (출처: https://ultimateclassicrock.com/classic-rock-concert-ticket-prices/, 저자 가공)

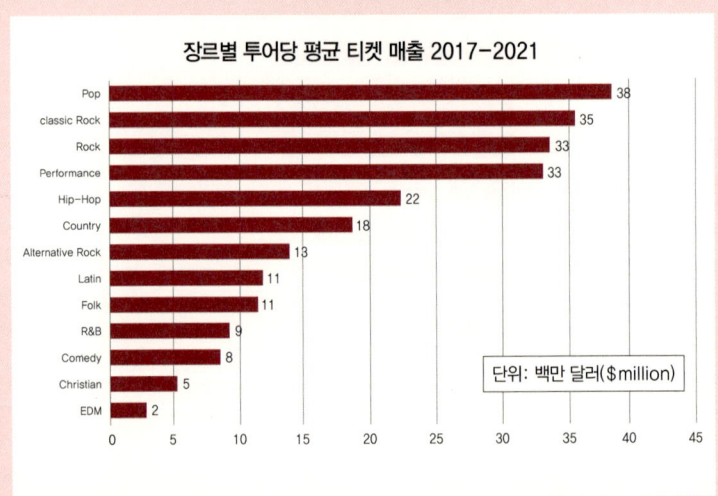

[그림 14] 장르별 투어 당 평균 티켓 매출(2017-2021) (출처: https://ultimateclassicrock.com/classic-rock-concert-ticket-prices/, 저자 가공)

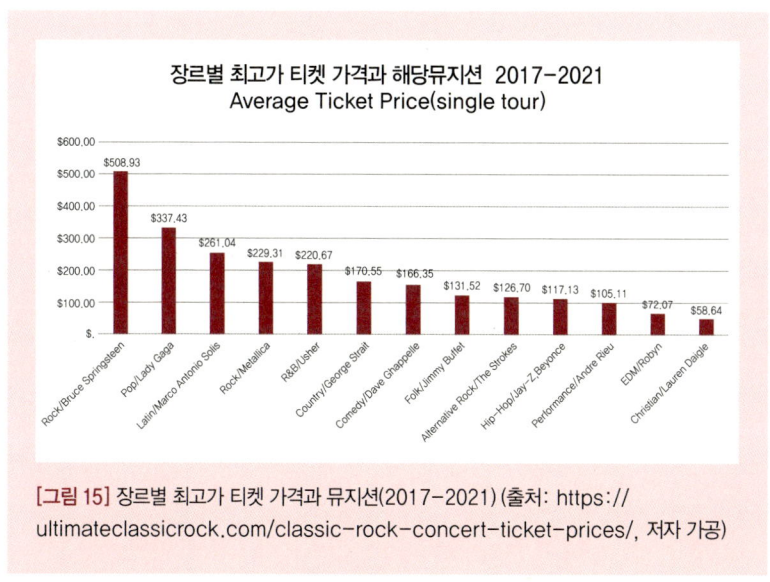

[그림 15] 장르별 최고가 티켓 가격과 뮤지션(2017-2021) (출처: https://ultimateclassicrock.com/classic-rock-concert-ticket-prices/, 저자 가공)

음악 장르별 수입

음악 장르별로 시장 크기가 다르기 때문에 뮤지션 수입도 장르별로 다르다. [그림 16]은 경제전문지인 포브스가 집계한 통계로 장르별 소득 100위 안에 드는 뮤지션들의 2012~2016년 간 수입이다. EDM(Electronic Dance Music)이 가장 낮았고 (2014년을 제외하면) 힙합, 컨트리, 록이 상위권을 기록했다. 팝음악은 계속 1위를 차지했는데, 팝음악의 높은 상업성 때문에 관측 기간을 늘려도 순위는 여전히 높을 것으로 보인다.

팝은 광범위한 장르이므로 팝가수라고 하면 빙 크로스비, 비틀즈, 마이클 잭슨, 마돈나, 레이디 가가 등 록·댄스·발라드를 망라하는 다양한 장르의 뮤지션들을 떠올리게 된다. 무엇보다 팝음악에서 빼놓을 수 없는 장르는 발라드다. 대중음악 가수 중 다소 독립된 장르인 재즈나 헤비메탈 곡을 불러보지 않은 가수는 많겠지만, 발라드곡을 불러보지 않은 가

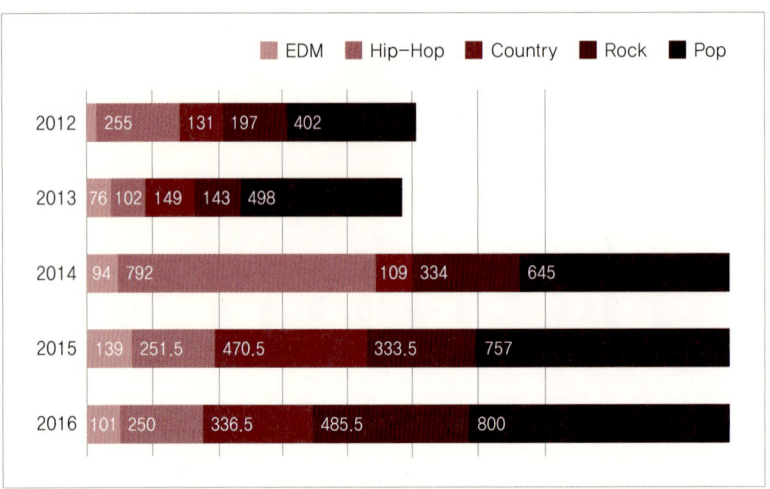

[그림 16] 장르별 뮤지션들의 연수입(2012-2016), (출처: Forbes Celebrity 100 History: Yearly Earnings By Genre, 저자 가공)

[사진 30] 라이오넬 리치
(출처: 위키피디아)

수는 거의 없다. '발라드(Ballad)'라는 단어는 '춤'이라는 라틴어 'Ballare'에서 유래한 불어로 대중음악적 맥락에서는 사랑과 이별에 대한 서정적이고 시적인 표현을 느린 박자로 노래하는 장르라고 할 수 있다.

발라드 음악으로 성공한 가수는 라이오넬 리치가 대표적이다. 그는 〈Say You, Say Me〉, 〈Endless Love〉, 〈All Night Long〉 등 발라드를 대표하는 음악을 작곡했고 아카데미 음악상도 받았다. 재미있는 사실은 그가 앨라배마 주에 위치한 터스키기대학 경제학과를 졸업했다는 것이다. 롤링 스톤즈의 보컬인 믹 제거가 영국의 명문 런던정경대에 입학했지만 공부를 마치지 못하고 중퇴한 것과 달리, 라이오넬 리치는 경제학 학위를 취득했다. 그의 상업적 성공에 경제학적 지식이 얼마나 역할을 했는지 모르지만, 라이오넬 리치는 시장이 가장 큰 팝을 선택했고 믹 제거는 (소비자들의 충성도는 높지만) 상대적으로 작은 시장인 록을 선택했다.

chapter 04

음악 시장과 제도

1. 지식재산권이 음악 시장에 미치는 영향

음악 시장에서 대표적인 정부 역할은 재산권 규제다. 지식재산권의 확립과 보호는 국가의 경제 성과(economic performance)와 직접적인 관련이 있기 때문에 중요한 정책 목표로 다뤄진다. 지식재산권 보호는 기술혁신에 강력한 유인을 제공해 경제 성장을 견인한다. 예를들어, 지식재산권을 적극적으로 보호한 영국은 산업혁명의 성과를 토대로 세계 경제의 패권을 갖게 되었다. 이를 계승하고 발전시킨 미국, 캐나다, 호주, 뉴질랜드 등 영국의 후계국들이 선진국으로 도약한 역사도 지식재산권 보호에 기인한다.

지식재산권 보호는 음악 시장에 어떤 영향을 끼칠까? 사실 불법 복제는 복제비용이 낮아 발생하는 현상이므로, 불법 복제 금지가 실질적으로 지식재산권 보호 효과를 발휘하는지는 통계적으로 식별하기 어렵다. 심지어 일부 연구는 불법 복제 금지가 음원 생산이나 질에 유의미한 영향을 주지 않는다고 주장하기도 했다.

이번 장에서는 지식재산권이 음악 시장에 미친 영향을 분석한 연구를 소개하고자 한다. 불법 복제가 불가능했던 1800년대 자료를 분석한 이 연구는 지식재산권 적용 여부를 하나의 자연실험(natural experiment)으로 보고 보호의 순효과를 추정했다. 일단 저작권을 보호하면 뮤지션들이 경제적 이익을 위해 양질의 음악을 만들려 할 것이라는 직관이 성립한다. 그렇다면 음악 거래량도 늘어날까? 이 연구는 저작권 보호가 거래량을 증가시킬 수 있다고 주장했다.[82]

[그림 17] 1801년 저작권법을 적용한 이탈리아 주 (2019) (출처: Giorcelli, Michela and Moser, Petra, Copyrights and Creativity: Evidence from Italian Opera in the Napoleonic Age (May 16, 2019), 저자 가공)

연구를 수행한 경제학자들은 이를 입증하기 위해 1801년 나폴레옹이 이탈리아 북부의 롬바르디아 주와 베네토 주를 침공하여 프랑스 영토로 강제 병합한 사건에 주목했다. [그림 17]에서 보이듯 당시 이탈리아에서는 지식재산권이 인정되지 않았고 프랑스에서는 인정되었는데, 강제 병합 후 롬바르디아와 베네토에는 프랑스 법이 적용되었으므로 지식재산권이 인정되기 시작했다. 이 연구는 병합 후 롬바르디아와 베네토에서 당시 대표적 음악 상품이었던 오페라 출시가 독립을 지킨 지역에 비해 월등히 높았음을 발견했다. [그림 18]처럼 강제 합병이 이루어진 이후 롬바르디아

---

[82] Giorcelli, Michela, and Petra Moser, "Copyrights and creativity: Evidence from Italian opera in the Napoleonic age.", Journal of Political Economy 128, no. 11 (2020), 4163–4210.

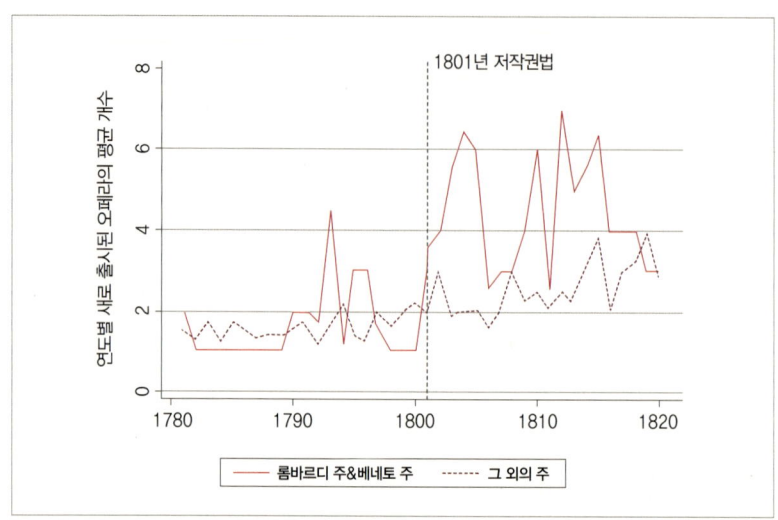

[그림 18] 저작권법을 적용한 주와 적용하지 않은 주의 평균 오페라 출시량 (출처: Giorcelli, Michela and Moser, Petra (2019), Copyrights and Creativity: Evidence from Italian Opera in the Napoleonic Age, 저자 가공)

와 베네토 오페라의 인기는 5배, 장기공연율은 10배 상승하여 저작권 인정이 오페라의 질 개선과도 관계가 있음을 확인했다.

쉬·어·가·기

라 트라비아타, 카르멘, 마술피리, 라보엠 그리고 춘향전

역사상 가장 많이 공연된 오페라는 베르디(이탈리아)의 〈라 트라비아타〉, 비제(프랑스)의 〈카르멘〉, 모차르트(오스트리아)의 〈마술피리〉, 푸치니(이탈리아)의 〈라보엠〉 등이라고 한다. 이 외에 푸치니의 〈토스카〉, 로시니(이탈리아)의 〈세빌리아의 이발사〉, 베르디의 〈리골레토〉, 모차르트의 〈피가로의 결혼〉과 〈돈 지오바니〉, 푸치니의

〈마담 버터플라이〉 등도 순위에 오르는데, 대부분 1800년대 이탈리아에서 만들어진 작품들이다. 역시 지식재산권 효과일까?

우리나라의 오페라는 유럽보다 훨씬 늦게 시작되었다. 1900년대 초 클래식 음악이 유입되었고, 최초의 창작 오페라는 1950년에 초연된 현제명의 〈춘

[사진 31] 〈춘향전〉/ 김자경오페라단 (출처: 한국민족문화대백과사전)

향전〉으로 알려져 있다. 현제명은 클래식 음악을 배우기 위해 1900년대 초 미국에서 단기 유학 후 귀국하여 조선음악가협회 초대 이사장과 서울대학교 음대 초대 학부장을 지내는 등 한국의 클래식 음악 정착에 큰 영향을 미쳤다. 클래식 분야에서 처음 국제적 명성을 얻은 한국인은 클래식 음악의 중심지 프랑스와 독일에서 활동했던 윤이상이다. 그는 1965년 〈류퉁의 꿈〉을 시작으로 다수 오페라를 작곡했고 독일 하노버 음대, 베를린 예술대 등에서 음악을 가르쳤다. 이후 한국은 백건우, 정명훈, 조수미, 장한나 등 세계적인 클래식 음악가를 배출하고 있다.

2. 불법 음원 복제, 꼭 막는 것이 좋을까?

과거에는 음원이 LP판, CD 등 실물로 제작되었지만 지금은 디지털화되었다. 디지털 상품은 복제가 쉬워 저비용 대량생산이 가능하다. 그러나 불법 복제도 쉬워졌기 때문에 음악 생산이윤은 높아지지 않았다. 때문에

예전보다 음원이 많이 생산되고 소비되지만, 음원 수익은 낮아지는 역설적인 현상이 발생하고 있다.

불법 복제는 음악 시장에 여러 가지 변화를 가져왔다. 복제의 용이성 때문에 음원 가격이 0으로 수렴했다. 쉽게 복제할 수 있으니 아무도 돈을 지불하고 싶어 하지 않게 된 것이다. 이 때문에 뮤지션들과 제작사는 음악을 제작하고 출시하는 동시에 광고, 영화, 방송, 비음악사업 제휴 등 주변 사업에서 수익원을 찾기 시작했다. 예술가들이 가수, 배우, 모델 등으로 분업화된 시대가 지나고 모든 영역을 다 소화하는 '엔터테이너(entertainer)'나 '연예인'이라는 용어가 더 익숙해졌다. 미국의 대학생들을 대상으로 한 실험에 의하면, 무료 파일 공유가 한 번 발생할 때마다 음원 판매는 0.1~0.2 단위 감소한다. 그리고 무료 파일 공유는 소비자의 음악 소비 지출액을 10% 이상 감소시킨다.[83]

파일 복제는 음악 산업에 악영향만 주는 것 같지만, 오히려 보완재를 생산하는 주변 산업에는 긍정적인 영향을 주고 있다. 예를 들어 음원 재생기 산업이다. [그림 19]는 CD 판매량과 아이팟 매출의 그래프다. CD 판매량이 감소하는 것을 볼 수 있는데, 이는 대체재인 음원 파일 소비가 증가하였기 때문이다. 반면에, 같은 시기 아이팟 매출은 급증했다. 이 관계를 밝혀낸 연구는 불법 복제가 불가능하다면 아이팟 매출은 12% 감소할 것이라는 추정치를 제시했다.[84] 이는 2008년 기준 $110억에 상당한다. 더 재미있는 결과는 음원이 무료로 제공될 경우 아이팟 매출은 소비자당 $36 증가한다는 것이다. 이 연구는 시뮬레이션 분석을 통해 무료 복제를

---

[83] Rob, R., & Waldfogel, J. (2006), Piracy on the high C's: Music downloading, sales displacement, and social welfare in a sample of college students, The Journal of Law and Economics, 49(1), 29-62.

[84] Leung, T. C. (2015), Music piracy: Bad for record sales but good for the iPod?, Information Economics and Policy, 31, 1-12.

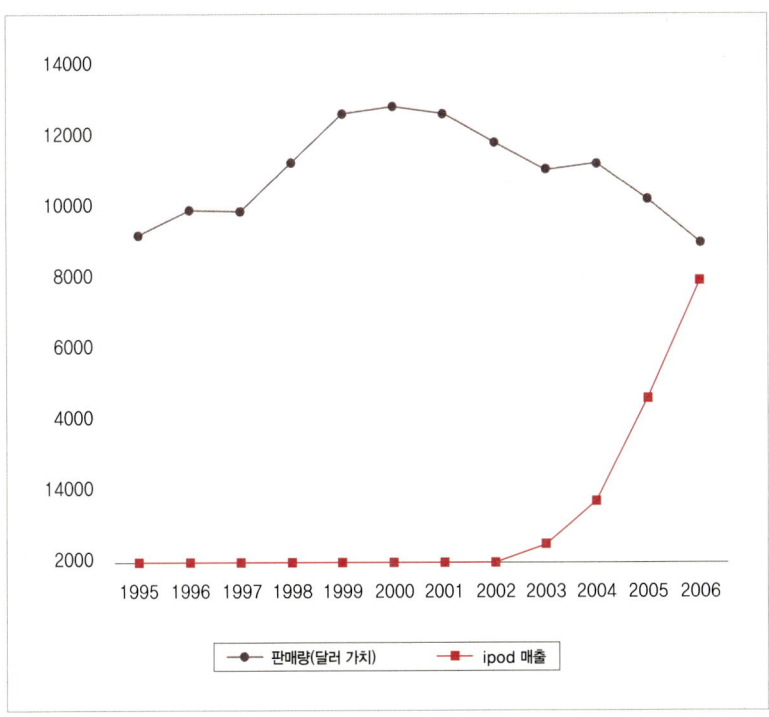

[그림 19] CD 판매량과 아이팟 매출 추이(단위: 백만 달러), (출처: Leung, T. C. (2015). Music piracy: Bad for record sales but good for the iPod?. Information Economics and Policy, 31, 1-12, 저자 가공)

합법화하고 아이팟 판매를 과세하여 그 세수로 뮤지션들을 보상해주는 정책이 효율적이라는 결론을 도출했다.

어차피 불법 복제를 막을 수 없다면 복제방지, 추적, 감시, 처벌에 행정비용을 낭비하거나 음원의 잠재 매출을 압박하기보다는, 차라리 음원 무료화를 통해 극대화된 아이팟 판매수익의 일부를 음원 제작자들에게 환원하자는 것이다. 이는 규제 완화를 통해 충분히 팔릴 수 있는 음원이 팔리게 허용하고 보완재인 이이팟에서 나온 수익을 분배하자는 통찰력 있는 주장이다. 하지만 갑작스레 납세자의 의무를 지게 되는 애플이 반발할 수 있을 뿐만 아니라 나머지 이해당사자 간 조정이 어려워 실현 가능성은 높지 않을 것 같다.

3. 음악 저작권 보호, 무조건 강화해야 할까?

소비자와 생산자가 거래의 결과로 얻는 이익을 '경제적 후생'이라고 한다. 경제적 후생은 생산자가 손실을 보지 않는 범위에서 소비자에게 재화와 서비스를 공급할 수 있을 때 확대된다. 경쟁시장에서는 생산자들이 상품을 비싸게 팔 수 없다. 단지 가격을 통해 생산비용만 보상받을 수 있으며, 소비자들은 상품을 필요한 만큼 살 수 있다. 반면, 독점생산자는 공급량을 통제하여 높은 가격이 결정되도록 유도한다. 이로 인해 상품은 비싸지고 소비자는 상품을 충분히 살 수 없게 된다. 그래서 일반적으로 경쟁시장의 사회 후생이 독점시장 후생보다 크다. 이 때문에 정부가 경쟁법을 제정하고 기업들의 독점행위를 감시한다.

기술적으로 말하면 경쟁시장의 특징은 가격이 생산비용(한계비용)과 일치한다는 것인데, 이는 생산자들이 경쟁 때문에 이윤을 남기기 어려워 한계비용만 회수하게 되기 때문이다. 독점 이익을 챙기는 생산자가 없고 소비자는 싼값으로 많은 양을 소비할 수 있어 후생이 극대화된다. 일각에서 제기하는 음원 복제 합법화 주장도 이 논리에 근거한다. 저작권을 완화하면 음원 가격이 한계비용에 근접하고 소비가 극대화되어 사회후생이 증가하므로 아예 자유 복제를 합법화하자는 주장이다. 대신 음원 소비와 동반 상승하는 음원 보완재(예: 아이팟) 판매에서 나오는 수익으로 음원 생산자를 보상하자는 것이다. 이는 많은 사람들이 음원을 자유롭게 소비하도록 허락하고, 그들이 구매할 음원 재생기 판매수익의 일부가 음원 저작자에게 돌아가게 하는 구조다. 노벨경제학상 수상자인 폴 크루그먼 교수도 "지금은 소프트웨어, 도서, 음악, 영화 등 어떤 지식재산권 상품이든 싸게 팔고 이익은 주변 시장(예: 보완재 시장)에서 회수할 수밖에 없는 시대이다."라고 언급한 바 있다.[85]

그러나 음원 보완재 생산자(예: 애플)로부터 동의를 얻기도 쉽지 않을 뿐더러, 동의를 얻었다 하더라도 어떤 방식으로 음원 생산자를 보상할지 합의하기가 어렵다. 예를 들어 보상액을 조달하기 위해 보완제 판매에 세금을 징수하는 방식을 택한다면 공정 징수액 계산 같은 난제들이 발생한다. 더욱 중요한 문제는 저작권 완화가 반드시 후생 증가로 이어지지 않는다는 근거도 제시되고 있다는 것이다.[86] 이 근거를 제시한 한 연구는 애플이 아이팟(또는 아이튠)에서만 재생되는 음원은 매우 낮은 가격에 판매하고 아이팟은 높은 가격에 판매하는 점을 지적했다. 음원이 저렴하게 제공되고 있어 저작권이 거의 보호받지 못하고 있는 상황에서 아이팟은 독점가격에 판매되고 있으므로, 이미 아이팟을 살 수 없는 소비자들이 발생했다는 논리다. 이 상태에서 저작권을 완화하더라도 후생이 극대화될 수 없다는 주장인데, 일견 타당하다.

이 연구는 저작권을 폐지하고 보완재 판매를 과세함으로써 음원 생산자를 보상하자는 주장도 반박했다. 저작권을 폐지하면 소비자들이 음원을 무료로 내려받지만 아이팟을 사는 모든 사람들은 일률적으로 적용되는 세금을 내야 한다. 그런데 소비자 중에는 (저작권 폐지 이전에) 제값을 내고 음원을 살 용의가 있는 합법 소비자와 제값을 낼 용의가 없는 불법 복제자들이 혼재한다. 세금을 부과할 경우 제값을 내고 살 사람은 저작권이 폐지돼도 세금을 내고 살 것이고, 불법 복제자도 세금만 내면 마음 편히 살 수 있게 된다. 즉, 음원을 안 사도 될 불법 복제자들까지 세금만 내

---

[85] Liu, J. (2015), Copyright complements and piracy-induced deadweight loss, Ind. LJ, 90, 1011.
[86] 위와 같음.

면 합법적으로 살 수 있게 되므로, 제 값을 내고 사는 합법 소비자들이 불법 복제자들에게 보조금을 주는 효과가 나타난다는 것이다. 예를 들어 음원이 1만 원이고 세금은 1000원이라고 하자. 과세 이전에는 1만 원을 지불할 용의가 있는 합법 소비자는 1만 원을 내고 음원을 사고, 음원을 위해 1000원만 낼 용의가 있는 불법 복제자는 음원을 구매하지 않는다. 그러나 저작권이 폐지되고 세금 1000원이 징수되면 합법 소비자와 불법 복제자 모두 1000원만 지불하고 음원을 소비하게 된다. 표면적으로 두 사람 모두 1000원으로 1만 원짜리 음원을 소비하고 아이팟도 사게 되지만, 사실 합법 소비자의 지불용의액 1만 원 중 9000원은 지불되지 못하고 불법 복제자 호주머니로 이동한 셈이다.

음원 저작권은 우리 사회의 제도를 설계하거나 바꾸는 것이 얼마나 복잡한 문제인지 보여주는 사례다. 어떤 주장이 맞는지 당장 가려내기는 어렵지만, 경제학적 사고가 우리가 생각하지 못했던 문제를 살피는 데 유용하게 사용되는 것은 분명하다.

4. 저작권은 얼마나 오래 보호해줘야 할까?

우리나라에서 저작권은 저작자의 생존 기간과 사망한 날로부터 70년간 유지된다. 해외에서도 보호 기간은 대체로 이와 유사하다. 저작권의 장기 보호를 찬성하는 이들은 장기보호가 창조적 활동을 독려하고 저작권자가 창조물을 지속적으로 관리하게 유도한다고 주장한다. 그러나 반대하는 이들은 장기보호로 인해 저작물을 이용한 새로운 창조물이 나올 가능성이 떨어질 수 있다고 지적한다. 이 논쟁이 생산적으로 되기 위해서는 실제 저작자들이 저작권 보호로 얼마나 오래 이익을 보고 있는지 확인할 필요가 있다.

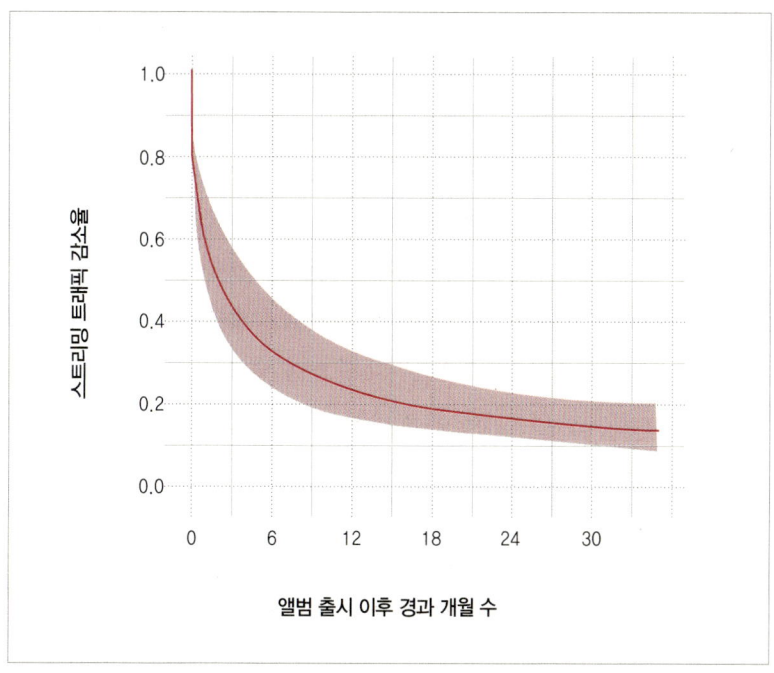

[그림 20] 앨범 출시 이후 스트리밍 트래픽 감소 추이 (출처: García, K., Hicks, J., & McCrary, J. (2020). Copyright and Economic Viability: Evidence from the Music Industry. Journal of Empirical Legal Studies, 17(4), 696-721, 저자 가공)

    음원 판매와 음원 스트리밍 자료를 분석한 한 연구에 의하면 현행 보호 기간은 과도한 것으로 나타났다.[87] 앨범의 경우, 평균 판매량이 음원 출시 이후 한 달만에 최고 판매량의 5%까지 급락하고, 출시 1년 후에는 의미 없는 수준까지 떨어진다고 한다. 싱글음원 판매량은 1년 후 최고 판매량의 20%까지 떨어져 일반 앨범보다 판매 추세가 오래 지속되는 것 같지만, 1년 후부터 판매량이 거의 기록되지 않아 앨범과 큰 차이가 관찰되지

---

[87] García, K., Hicks, J., & McCrary, J. (2020), Copyright and Economic Viability: Evidence from the Music Industry, Journal of Empirical Legal Studies, 17(4), 696-721.

않았다. 스트리밍 트래픽은 출시 1년 후 초기 트래픽의 25%까지 하락한다. 보통 3~4년간 20% 수준으로 유지되고 그 이후에는 0%로 수렴한다고 한다.

이처럼 음원 판매와 스트리밍 모두 경제적 이윤이 오랫동안 지속되지 않으므로 70년이란 현행 보호기간이 다소 무의미하게 보일 수도 있다. 그러나 이 통계는 엄연히 평균값이므로, 일률적으로 보호기간을 줄일 경우 장기적으로 이익을 보는 저작권자는 보호받지 못하게 된다. 예를 들어 단기간에 음원 수익이 발생하지 않아도 광고나 굿즈 판매 같은 주변 사업에서 저작권자가 오랜 기간에 걸쳐 수익을 낼 수 있는 경우도 있으므로 신중한 판단이 필요하다.

5. 문화예술과 정부 개입

정부는 음악, 영화, 연극, 무용, 미술, 문학 등 다양한 예술 활동을 광범위하게 지원한다. 창작비용 지원부터 문화예술 기부금 세액공제를 제공하기도 하며, 심지어 지방자치 단체들은 교향악단이나 합창단을 직접 운영하기도 한다. 언뜻 보면 문화예술 발전을 위해 당연한 일처럼 보이지만, 원론적으로 혈세를 써서 예술인들을 보조해줘야 할 이유는 없다. 정책이나 제도를 통한 정부 개입은 사회 후생 증가를 가져올 때만 타당하므로, 예술 활동의 공적 지원을 결정하기 전에 그 효과를 면밀하게 살펴보는 것이 중요하다.

시장실패, 정보의 비대칭성, 외부효과, 정부 개입

'시장실패'는 시장에서 자원이 효율적으로 배분되지 못하는 현상을 의미한다. 시장실패에는 크게 두 가지 원인이 있다. 첫째는 '정보의 비대칭성'이다. 정보 비대칭성은 일반적으로 '한 거래 당사자가 다른 거래 당사자보다 정보를 많이 또는 적게 보유한 상황'으로 정의한다. 예를 들어 중고차 판매자는 구매자보다 차량 품질에 대해 더 많이 알고 있으므로, 중고차 거래에 정보의 비대칭이 존재한다. 이 때문에 중고차는 본래의 가치로 거래되지 못한다. 왜냐하면 구매자는 판매자가 자기보다 차량에 대해 더 잘 알고 있다고 생각하므로 차량의 품질이 판매자가 제안한 가격보다 낮다고 믿기 때문이다. 쉽게 말해 구매자는 바가지를 쓸 걱정 때문에 판매자가 제안한 가격보다 낮은 가격만 낼 용의가 있다. 반대로, 판매자는 구매자가 낮은 가격만 내려고 하므로 그 가격에 맞는 저품질 차량을 판매하려 한다. 문제는 구매자들이 다시 저품질의 차량을 최저품질 차량으로 보고 최저가만 지불한다는 것이다. 결국 악순환이 발생하게 된다. 이 과정이 무수히 반복되면 품질이 매우 나쁜 매물만 거래 된다. 이 현상을 '역선택'이라고 하는데, '거래 전 정보의 비대칭성으로 발생하는 시장실패'라고 정의한다.

이렇게 시장실패가 발생할 때 정부가 제도를 만들어 개입할 수 있는데, 실제 우리나라도 정부가 자동차 이력 관리제도를 운용하고 있고 (평판 관리에 신경을 써야 하는) 대기업의 중고차 판매를 허용하기 시작했다.

둘째는 '외부효과'다. 외부효과는 거래의 대가 없이 한 경제 주체의 행위가 다른 경제 주체에 긍정적 또는 부정적 영향을 줄 때 발생한다. 부정적 외부효과의 예로 환경오염을 들 수 있다. 생산시설에서 나온 폐수, 분진, 소음이 주변 마을 주민들의 건강을 해치는 경우다. 마을 주민들은 생산시설과 아무런 거래적 관계가 없음에도 보건 비용을 지불한다. 긍정적 외부 효과의 일례는 교육이다. 경제학 강의 수업료를 내고 외부효과를 배운 대학생이 무심코 가족에게 외부효과를 설명해주면 가족은 비용을 내지 않고 혜택을 본다.

외부효과가 발생하는 시장의 재화와 서비스는 사회 후생이 극대화되는 수준에서 소비되지 못한다. 생산시설은 사회적 비용(예: 환경오염)에 대한 고려 없이 이익을 극대화하는 수준에서 생산량을 결정하므로 과대 생산이 발생한다. 거꾸로, 긍정적 외부효과가 발생하는 교육은 과소 생산된다. 많은 사람이 교육을 받는 것이 사회적으로 효율적이지만, 대학생 가족들의 교육에 대한 지불용의는 낮으므로 교육은 저소비된다. 이를 바로잡기 위해 정부는 생산시설에 오염부담금을 과세하거나 대학생 가족에게 장학금을 지급하는 방식으로 시장에 개입하기도 한다.

공적 지원에 대해 대립하는 경제학적 주장들은 다음과 같다. 첫째, 외부효과다. 예술의 외부효과는 노벨 경제학상 후보로 자주 올랐던 윌리엄 보물이 많은 관심을 가졌던 주제다. 예술의 외부효과로 인류와 국가의 명예와 자긍심이 고취될 수 있다. 예를들어 BTS가 한국의 품격을 높였다는 주장에 반대할 사람은 많지 않을 것이다. 그러나 BTS 멤버들의 원동력은 국위선양보다는 경제적 부이며, 이미 시장에서 금전적 보상을 받고 있으므로 특별한 공적 지원이 필요하지 않다는 반론도 가능하다. 여행업, 광고업, 굿즈 판매 등 주변 산업이 BTS의 외부효과 수혜를 입을 수 있다는 주장은 어떨까? 설득력 있게 들리지만, 주변 산업 매출이 올랐다면 주변 산업의 생산성이 올라 매출이 오른 것인지, 혹은 BTS 때문에 오른 것인지 실증적으로 검증해봐야 한다. 윌리엄 보물은 예술이 미래 세대에게도 외부효과를 미칠 수 있다고 보았다. 현재 예술에 대한 미래 세대의 수요가 있다 하더라도, 지금 존재하지 않는 미래 세대가 수요를 표출할 수 없어 현재 예술이 과소 생산될 수 있다는 주장이다. 만들어진 지 백 년이 넘은 베르디의 오페라를 후세인 우리가 지금 소비하고 있으니 일리가 있는 주장이다. 그러나 미술품처럼 예술품의 미래 가치를 예상하고 거래하는 사람들도 있으니 이 문제를 시장에 맡겨 놓아도 문제는 없을 것 같다.

둘째, 정보의 비대칭성이다. 노벨 경제학상을 받은 케네스 애로우는 정보 비대칭성의 예로 의료 서비스를 들었다. 환자는 의료 서비스에 대해 의료인만큼 알 수 없으므로 의료인의 목표가 경제적 이익일 때는 의료인이 태업이나 과잉 진료를 할 수 있다. 이 때문에 케네스 애로우는 환자들이 이익추구에 의한 태업 가능성이 낮은 비영리 의료시설의 서비스를 선호할 수 있다고 주장했다. 예술 상품도 본질적으로 추상적이거나 주관적이기 때문에 생산자가 소비자보다 상품의 질에 대해 더 많이 알고 있으므로 정보 비대칭성이 존재한다. 예술품의 공급을 사설 공급자에 맡겨 두면 이익 극대화를 위해 양질의 예술품을 공급하지 않거나 관리 소홀로 예술품이 훼손될 우려가 있다. 그래서 정부가 예술품 공급을 보조하는 방식으로 개입할 수 있다. 다만 어떤 방식의 개입을 선택하느냐에 대한 문제가 남는다. 만약, 비영리 법인의 태업 유인이 약한데도 비영리 미술관이나 박물관에 면세 혜택을 주면 자원과 행정비용만 낭비될 수 있다.

셋째, 생산비용의 상승이다. 이 주장도 윌리엄 보물의 논리에 근거한다. 일반적으로 기술 진보에 따라 노동자의 생산성과 임금은 오르지만, '비기술진보적 산업'에 종사하는 노동자들의 생산성과 임금은 많이 오르지 않는다. 예를 들어 컴퓨터, 통신기술, 교통수단 등의 기술 진보가 발생했다고 해서 공무원, 교사, 화가, 가수, 피아니스트 같은 노동자들의 생산성이 획기적으로 오르지는 않는다. 그럼 비기술진보적 산업 노동자들은 높은 임금을 얻을 수 있는 기술진보산업으로 이동하게 되고 비기술진보적 산업의 공급은 소멸할 것이다. 특성 비기술진보적 산업의 보호가 정당하다면, 정부가 생산비용을 감당하더라도 개입할 수 있다. 국가의 운영을 위해 필수적인 공무원의 공공 서비스가 그에 해당한다. 다만 예술도 그런지는 명확하지 않다.

이 외에도 윌리엄 보물과 미국의 대부호 데이빗 록펠러가 정부의 예술시장 개입을 통해 소득재분배와 기회균등을 달성해야 한다는 견해를 밝힌 바 있고, 예술품의 거래를 시장에 맡기면 저소득자들이 예술을 향유할 수 없으므로 적절한 삶의 질을 보장받지 못하게 되어 사회통합이 어렵게 된다는 주장 등 다양한 예술 지원 찬성론이 있다.

6. 예술, 가치재인가? 공공재인가?

가끔 예술의 긍정적 외부효과와 공공성을 주장하며 예술을 '가치재(merit good)' 혹은 '공공재(public good)'라고 주장하는 이들이 있다. 아마도 많은 경제학자들은 이 주장에 동의하기 어려울 것이다. 가치재는 안전벨트, 의무교육, 백신 접종 등처럼 명백하게 긍정적 외부효과를 발생시키므로 시장에 맡겨 두면 과소 소비되는 재화와 서비스다. 정부는 가치재의 과소 소비를 방지하기 위해 개입한다. 그런데 예술의 외부효과가 안전벨트, 의무교육, 백신 접종처럼 보편적인지는 불확실하다. 예를 들어 옆집에 이사 온 이웃이 담벼락에 아름다운 벽화를 그리거나 마당에서 감미로운 현악 4중주를 연주한다고 해서 주변에 사는 모든 사람의 후생이 증가한다는 보장은 없다. 나에게 벽화가 아름다울 수 있지만 다른 사람에게는 흉물스러울 수도 있고, 현악 사중주는 이웃에게 감미로울 수 있지만 나에게 지루할 수 있다.

예술이 공공재라는 주장도 설득력이 약하다. 공공재는 사유재와 구분하여 쓰는 용어인데 사유재는 '배제적(excludable)'이고 '경합적(rival)'이다. 재화와 서비스가 배재적이라 함은 그 재화와 서비스를 '비용을 지불하지 않고 소비할 수 없다'는 뜻이다. 반대로 비용을 지불하지 않고 소비할 수 있는 비배제적 재화에는 자연 자원, 무료 공원 등이 있다. 경합성은 '한 사람이 소비하면 다른 사람은 소비할 수 없는 속성'이다. 예를 들어 내가 케이크 한 조각을 소비하면 다른 사람이 소비할 수 있는 케이크량이 줄어 드는 성질이다. 반대로 한산한 도로, 케이블TV 등은 비경합적이다.

공공재는 비배재적이면서 비경합적이다. 국방, 치안, 방송, 도로 등이 이런 성격을 갖고 있다. 그래서 사람들이 대가를 지불하지 않고 공짜로 편승하려고 하는 마음 때문에 공공재가 사람들이 필요한 만큼 생산되지 못하는 '무임승차(free-riding) 문제'가 발생하기도 한다. 무임승차도 시장실패를 초래하므로 공공재 공급에 정부가 개입한다. 예술은 어떤가? 유료 공연이나 전시회는 관람료가 있으니 배제적인 건 확실하다. 또 내가 공연이나 전시회에 참석할 때, 여유 공간이 있다고 해도 다른 관객의 참석으로 주최자에게 비용이 발생한다면 공연과 전시회도 경합적인 것으로 볼 수 있다. 그러므로 예술상품을 무조건 공공재로 보기는 어렵다.

그렇다면, 예술시장에 정부가 개입하여 보조할 필요는 없다는 뜻일까? 돈 풀럴튼이라는 경제학자는 정부 개입을 매우 간단하게 정당화하였다.[88] 그는 어떤 이유든 사람들이 예술을 소비하는 것이 사회적 혜택을 유발한다고 느끼는 사람이 있으면, 그 사람을 과세하여 예술 활동을 보조함으로써 모든 사람의 후생이 올라간다고 주장했다. 쉽게 말해, 친구들이 전시회나 공연에 가는 것에 대해 내가 뿌듯함을 느끼거나 우리 사회 발전을 위해 필요한 일이라고 생각한다면, 정부가 나에게 세금을 걷어 내 친구들에게 보조금을 지급하더라도 모두에게 좋은 일이라는 것이다. 어렵게만 느껴지는 경제이론이 때로는 당황스러울 정도로 단순하다.

---

[88] Fullerton, D. (1991), On justifications for public support of the arts, Journal of cultural economics, 67-82.

7. 정보의 비대칭성과 중고기타(Second-hand Guitar) 시장

사람들이 가장 많이 배우는 악기는 피아노, 기타, 바이올린 등이라는 설문 조사 결과를 종종 보게 된다. 조사 대상을 직장인으로 좁혀보면 기타가 1순위로 꼽힌다.[89] 아마도 전자 기타가 대중음악 연주에 중심적인 역할을 하기 때문인 것으로 보인다. 기타를 생각하면 재즈 기타리스트 웨스 몽고메리나 짐 홀의 따뜻하고 풍부한 소리부터 딥 퍼플의 기타리스트 스티브 모스가 오버드라이브를 잔뜩 걸고 내는 강력하고 공격적인 기계음까지 다양한 음색을 떠올리게 된다. 전자 기타에 탑재된 픽업(마이크)이 현의 진동을 전기 신호로 바꾸어 앰프로 보내고, 우리는 앰프에서 나오는 소리를 듣게 되는데, 기술이 발전하면서 음색도 더 다양해지고 있다. 가장 전통적인 브랜드로는 펜더(Fender), 깁슨(Gibson) 등이 있고, 후발주자인 PRS(Paul Reed Smith), ESP(Electronic Sound Products), Ibanez 등도 전통 브랜드와 경쟁하고 있다. 중고 기타 거래를 하다 보면 이 브랜드들을 쉽게 접하게 된다.

경제학적으로 중고 악기 시장은 중고차 시장과 정확히 똑같은 시장 실패(market failure) 문제를 갖고 있다. 판매자가 구매자보다 상품의 질(quality)에 대해 많은 정보를 가진 정보 비대칭성 때문이다. 이를 완화하기 위해 판매자와 구매자는 상품에 대한 정보를 교환한다. 이것을 '신호 보내기(signaling)'라고 하는데, 인터넷에서 판매자가 사진이나 사용 후기를 거래 사이트에 올리거나 구매자가 쪽지나 댓글로 질문을 보내는 등의 정보 교환 행위를 말한다.

인터넷 발명으로 중고품 거래가 온라인화 되면서 신호 교환이 쉬워졌고, 중고품 시장을 통해 정보 비대칭성을 연구하던 경제학자들은 인터넷

---

[89] https://m.khan.co.kr/economy/market-trend/article/201108171035451#c2b

거래를 연구하기 시작했다. 그들은 과연 신호가 상품에 대한 정보를 담고 있는지, 정보를 담고 있다면 신호 교환이 정보 비대칭성을 완화해주는지를 실증적으로 확인하려고 시도했다. 인터넷 초기 시대였던 2000년대 초반 eBay에서 거래된 PRS 중고 기타 경매 자료를 분석한 한 연구는 거래자 간 신호가 실제로 정보를 전달하는 것을 발견했다.[90] 예를 들어 판매자의 사진 업로드는 거래 성사 확률을 높이는 것으로 나타났다. 상품에 대한 구체적인 정보가 제공되면 정보 비대칭성이 완화되어 판매자와 구매자가 거래 조건에 동의하기 쉬워진다는 뜻이다. 또한 판매자에 대한 부정적인 거래 후기는 입찰 가격에 미치는 영향이 미비한 반면, 거래 체결 확률은 낮추었다. 판매자의 거래가 빈번할수록 자연스럽게 후기도 부정적일 수 있어서, 부정 평가가 꼭 판매자에 대한 불신(정보 비대칭성)을 반영하는 것은 아닌 것으로 추정된다. 이 연구를 수행한 경제학자는 분석 결과를 구매자가 '입찰'과 '입찰 가격'을 분리해서 인식한다고 해석했다. 구매자는 기타에 대한 정보를 받고 입찰을 결정한 이상 판매자를 신뢰하여 입찰 가격을 낮추지는 않는다는 것이다. 하지만, 그는 PRS 기타는 고품질 브랜드로 이미 잘 알려져 있어 신호 효과가 PRS 거래 자료에 명확하게 나타나지 않았을 수도 있다고 부연했고, 이 같은 연구 설계의 한계점을 보완한 후속 연구들이 더 나오고 있다.

이 연구가 발표된 지 20여 년이 지난 지금, 중고품 거래에서 신품 구매 가격, 사진, 사용 내역, 질문, 거래 후기 등의 신호 교환은 거래방식의 표준이 되었다. 이 연구 결과가 현 시점에서는 대수롭지 않을 수도 있지만 대면 거래가 흔했던 인터넷 도입 초기의 온라인 거래와 관련해 경제학자들에게 상당히 흥미로운 자료를 관측할 수 있는 계기가 됐다. 이제 인터

---

[90] Eaton, D. H. (2005), Valuing Information: Evidence from Guitar Auctions on eBay, Journal of Applied Economics & Policy, 24(1), 1.

넷 정보 교환은 신품, 중고품 구분 없이 제조품 거래뿐만 아니라 숙박, 주거, 교육, 등 수많은 서비스 거래에서도 발생한다. 인터넷이 정보 비대칭성을 완벽히 해결하지 못할지라도 최소한 완화하는 데에 도움이 되었을 것 같다. 앞으로 통신기술이 더 발전하면 인터넷에서 더 많은 정보를 더 빠르게 교환할 수 있게 된다. 정보 비대칭성이 얼마나 더 해소될지 궁금해진다.

쉬·어·가·기

전자 기타 브랜드

1931년 미국의 발명가 조지 뷰챔프가 설계한 '프라잉 펜(The Frying Pan)'이라는 기타가 상용화된 최초의 전자 기타로 알려져 있다. 1930년대는 연주자를 열 명 이상의 큰 규모로 구성하는 빅밴드(Big Band) 시대였는데, 전자 기타의 발명은 어쿠스틱 기타 소리가 다른 악기 소리 때문에 잘 들리지 않는 문제를 해결하려는 시도였던 것 같다.

[사진 32] 프라잉 펜
(출처: The Metropolitan Museum of Art)

전자 기타 종류는 크게 기타 바디(body) 즉, 몸통이 꽉 찬 나무를 쓰는 솔리드(solid)형과 바디에 공간을 만들어 소리를 내는 홀로우(hollow)형으로 분류된다. 전자 기타는 아니지만 초심자들이 많이 접하는 어쿠스틱 기타는 속이 비었으므로 홀로우 바디로 볼 수 있다. 솔리드 바디 기타는 탑재된 픽업(내장 마이크)으로만 수음하여 소리를 낸다. 강렬한 소리나 기계적으로 변조된 소리를 낼 수 있어 록, 메탈, 블루스 등에 적합하다. 픽업에 의존하다 보니 어떤 픽업을 쓰느냐가 중요하다. 몸통 안에서 울리는 소리는 홀로우 바디 기타로 들을 수 있다. 홀로우 바디 기타는 따뜻하고 청명한 소리를 내 재즈와 컨트리에 많이 사용된다. 어쿠스틱 기타리스트들도 공연이

[사진 33] 솔리드 바디 (출처: 위키피디아)

[사진 34] 홀로우 바디 (출처: 위키피디아)

나 녹음을 위해 외장 마이크를 쓰거나 바디에 픽업을 장착한다. 어쿠스틱 기타는 토미 이마뉴엘과 조스코 스테판 같은 핑거스타일 기타리스트들이 많이 사용한다.

전자 기타의 대명사로 불리는 펜더는 1940년대 캘리포니아에서 전기 기술자로 일하던 레오 펜더가 자신의 이름을 따 설립한 기타 브랜드다. 펜더는 라디오, 축음기 등을 수리하는 일을 했는데 대학에서 회계학을 전

[사진 35] 리오 펜더와 초기 펜더 모델들 (출처: 위키피디아)

공하고 전기는 독학으로 배운 독특한 이력의 소유자다. 그는 자동차 타이어 회사에서 회계원으로 일하다가 해고된 후부터 라디오 수리업을 시작했다. 처음에는 라디오, 스피커, 앰프 같은 주변 기기를 수리하나가 당시 전자 기타 제조업의 잠재성을 발견한 후 펜더를 창립했다. 의외로 펜더는 평생 기타를 칠 줄 몰랐다고 한

다. 엔지니어도 아니고 기타리스트도 아니었던 그는 기업가 정신 하나로 사업에 성공한 셈이다. 물론, 경영 능력도 출중했다. 고객의 사용 후기를 제품에 부단히 반영했고 유명세나 화려한 경력이 없는 사람도 능력을 기준으로 채용하여 경영을 위임했다고 한다.

그런데 오랫동안 전 세계 전자 기타 시장 점유율 상위권을 유지하고 있던 펜더는 가격 담합을 저질러 2020년 우리나라 공정거래위원회에 해당하는 영국 경쟁시장청으로부터 450만 파운드의 과징금을 부과받았다. 일반적으로 시장에서 경쟁이 심할수록 소비자에게는 이익이다. 이 원리가 시장경제 제도의 근간이기 때문에 대부분의 국가에서 경쟁법을 제정하여 실행하고 있다. 판매자의 경쟁 제한적 행위는 경쟁법에 따라 처벌을 받는다. 영국 경쟁시장청은 펜더가 온라인 소매 판매자들이 일정한 최저가격 이하로 기타를 팔지 못하도록 압력을 행사했다고 밝혔다. 펜더가 혐의를 인정하지 않았다면 무려 약 1,400만 파운드 과징금이 부과됐을 것이라고 한다. 펜더의 가격 담합이 가능했던 이유는 전자 기타 시장이 과점적이었기 때문으로 추측된다. 실제로 어쿠스틱이든 전자든 우리가 기타에 입문하면서 접하는 브랜드는 많아 봤자 20개 남짓이기 때문이다.

또 하나의 전통 브랜드는 깁슨이다. 깁슨은 가장 역사가 깊은 전자 기타 브랜드 중 하나로, 1898년 미국 미시간주에서 이탈리아 전통 악기인 만돌

[사진 36] 초기 레스폴 모델
(출처: 위키피디아)

린을 제조하던 오빌 깁슨이 창업했다. 미국에서는 이때 이미 지식재산권이 인정되고 있었다. 깁슨은 초창기에 주로 어쿠스틱 기타를 만들었고 2차 세계대전 때는 나무와 금속을 재료로 하는 군수 물자를 생산하기도 했다. 1950년대 다소 고루한 이미지를 벗기 위해 현대적 악기를 만들기 시작했고 1952년 '레스폴(Les Paul)'을 출시해 성공한다. 깁슨은 펜더와 달리 1980년대부터 자주 경영난에 시달렸고, 2018년에는 법원에 파산 신고까지 한 흑역사를 갖고 있다. 그럼에도 펜더와 함께 가장 사랑받는 브랜드로 입지를 잃지 않고 있다.

공정거래위원회

공정거래위원회(이하 '공정위')는 '독점 및 불공정 거래에 관한 사안을 심의 의결하기 위해 설립된 국무총리 소속의 중앙행정기관이자 합의제 준사법기관으로 경쟁정책 및 소비자 정책을 수립 운영하며 관련 사건을 심결 처리하는 역할을 담당[91]'한다.

---

[91] 공정거래위원회 홈페이지, 소개. (https://www.ftc.go.kr/www/contents.do?key=326)

쉬·어·가·기

역대급 기타리스트

미국의 대중문화 잡지 『롤링 스톤』은 2015년 '100대 기타리스트'를 선정했다. 상위권에 지미 헨드릭스 (1위), 에릭 클랩튼 (2위), 지미 페이지 (3위) 등이 올랐고, '블루스의 왕' 비비 킹, 블루스를 속주로 승화시킨 스티비 레이 본, 라틴 재즈의 거장인 카를로스 산타나, 핑거스타일의 교본으로 불리는 쳇 앳킨스 등 다양한 장르의 기타리스트들이 골고루 이름을 올렸다.

모두 연주의 완성도는 물론이거니와 자기만의 스타일을 인정받고 음악성까지 갖춘 연주자들이기 때문에 순위가 중요한 건 아니다. 그럼에도 독창성, 현란한 연주, 거침없는 퍼포먼스 때문에 지미 헨드릭스를 최고의 기타리스트로 꼽는 것에 이의를 제기할 사람은 많지 않을 것 같다. 에릭 클랩턴도 그의 연주를 추앙하는 사람들이 많아져 '기타의 신'이라

[사진 37] 지미 핸드릭스 (출처: 위키피디아)

는 벽 낙서(graffiti)가 생길 만큼 블루스, 팝, 록, 레게 등 다양한 장르의 열성 팬들을 확보했다. 이들은 주로 펜더 스트라토캐스터(Fender Stratocaster)를 사용했다.

에디 밴 헤일런은 8위에 선정됐다. 그는 1970년대에 태핑주법을 대중화시켰고 '헤비메탈 기타'를 정립한 기타리스트로 불린다. 헤일런은 크레이머, 펜더, 깁슨을 모두 사용했다. 12위에 오른 스티비 레이 본은 펜더 기타에 자신의 이니셜(SRV)을 붙이고 다닌 것으

로 유명하다. 그는 블루스 뮤지션답지 않게 속주와 물 흐르듯이 연속적인 솔로 라인을 많이 썼다. 24위의 AC/DC의 앵거스 영도 기타에 관심이 있는 사람이라면 누구나 들어봤을 〈Highway to Hell〉, 〈Back in Black〉 등의 리프를 작곡한 기타리스트이며 깁슨 SG 모델의 애용자다. 라틴 재즈의 상징이며 그래미 상을 열 번 받은 카를로스 산타나는 20위에 등극했다. 그는 자신의 시그니쳐 기타를 PRS와 함께 출시했다. 99위에는 펑크록 밴드 Black Flag의 그렉 진이 랭크되어 펑크록의 자존심을 지켜냈다. 그렉 진은 UCLA(University of California Los Angeles)에서 경제학을 공부한 특이한 이력의 소유자이다. 그는 한 인터뷰에서 경제학 학위가 음악 사업에 성공하는 데에 도움이 되었냐는 질문을 받았는데, "경제학은 소규모 사업보다는 경제와 산업 전반에 대한 이해와 관련이 있다"고 답하였다. (이 답변으로 보아 최소한 경제학을 제대로 이해한 것으로 볼 수 있다.) 기타는 댄 암스트롱을 쓰다 아이바네즈와 펜더로 전향했다. 어니볼을 사용하는 스티브 모스, 아이바네즈 충성팬인 폴 길버트 등 지면의 한계로 언급하지 못한 기타리스트가 많지만 대부분 자신의 음악 스타일에 맞는 브랜드를 선택했다. 이로 미루어 보아 펜더와 깁슨은 상호간 완전한 대체재는 아닌 것으로 보인다.

[사진 38] 'Clapton is God' 벽 낙서
(출처: 위키피디아)

8. 360-Degree Deal과 정보의 비대칭성

360-Degree Deal은 뮤지션과 제작사가 체결하는 계약의 일종이다. 이 계약은 우리말로 '360도 딜' 정도로 번역할 수 있는데, 전통적인 계약 방식과 매우 다른 형태의 계약이다. 전통적 계약은 순수한 음반계약으로 제작사가 제작비용을 부담하고 뮤지션과 제작사가 음반 판매 수입을 나누어 갖는 방식이다. 그러나 1990년대 후반부터 음원 복제가 쉬워진 탓에 더 이상 음반 판매 수입에 의존할 수 없게 된 제작사들은 새로운 계약 형태를 모색했고, 그 결과 360도 딜이 등장했다. 전통 방식의 계약 하에서는 음반판매 수입 외의 공연 수입, 출판 수입, 광고 수입, 굿즈 판매 수입, 라이센싱 수입은 뮤지션의 개인소득이다. 반면, 360도 딜을 체결할 경우 제작사가 뮤지션의 매니지먼트, 공연기획, 굿즈 라이센싱, 신사업 발굴 등 뮤지션 활동 일체를 지원하고 관리하되 모든 수입을 뮤지션과 공유한다.

초창기 360도 딜 사례는 2002년 로비 윌리엄스와 EMI의 계약과, 마돈나와 Live Nation의 1억2천만 달러 계약으로 알려져 있는데, 마돈나는 Live Nation에 앨범 배급권, 공연권, 굿즈 판매권, 이름과 초상권까지 허용했다고 한다. 힙합 가수 Jay-Z도 라이브 네이션과 360도 딜을 체결하는 등 거물급 뮤지션들 뿐만 아니라 신인들에게도 360도 딜이 확산되기 시작했다.

음원이 디지털화되면서 뮤지션이나 제작사가 음원판매로 수익을 내기 어렵게 되었으므로 360도 딜은 이들에게 매력적인 계약이 될 수 있다. 뮤지션은 360도 딜을 이용하여 음원을 출시하고 그것을 발판 삼아 수입을 올리고, 사업 노하우를 보유한 제작사는 초기 제작비용을 부담하는 대가로 음원을 이용한 주변사업을 발굴하고 뮤지션을 종합적으로 지원하는 형태로, 서로 원윈이 될 수 있기 때문이다. 그러나 이런 이점에도 불구하고 360도 딜은 음악 산업의 표준 계약으로 자리 잡지 못했다.

  이 현상에 관심을 가진 프랑스 경제학자들의 연구가 발표된 적이 있다. 이 연구는 700여 명의 프랑스 뮤지션들을 대상으로 한 설문 조사를 통해 제작사와 계약 경험이 있는 뮤지션들이 360도 딜을 긍정적으로 고려할 확률이 계약 경험이 없는 뮤지션들에 비해 12%가 낮다는 것을 발견했다.[92] 이 경제학자들은 제작사와 계약을 체결하고 계약이행 여부와 정도를 경험해 본 뮤지션들은 자신들이 제작사보다 사업 구조와 수익분배에 대해 정보가 부족하다는 것을 깨닫게 되어 360도 딜을 꺼리게 된다고 설명했다.

  이는 제작사와 뮤지션들 간 '정보의 비대칭성'이 있다는 뜻인데, 정보 비대칭성의 전형적 예인 중고차 시장에 빗대어 이해해 볼 수 있다. 중고차 딜러는 매물 차량에 대해 잘 알고 있는 반면에 구매자는 딜러만큼 충분한 정보가 없다. 그래서 딜러가 차량 상태를 정확하게 반영한 가격에 매물을 내놔도 구매자는 그 가격을 믿지 않으므로 더 낮은 가격에 사려고 할 것이다. 그러나 딜러는 손해 보는 가격에 차를 팔 수 없으므로 거래가 일어나지 않게 되고 시장이 제 기능을 하지 못하게 되어 사회적 비효율이 초래된다. 정보 비대칭은 보험사와 보험 가입자, 의사와 환자, 변호사와 의뢰인 등의 관계에서 발생한다고 알려져 있는데, 프랑스의 360도 딜 연구로 뮤지션과 제작자라는 추가 사례가 발굴된 것 같다.

---

92 Maya Bacache-Beauvallet, Marc Bourreau et François Moreau, « Information asymmetry and 360-Degree Contracts in the Recorded Music Industry », Revue d'économie industrielle, 156 | 2016, 57-90.

자수성가의 아이콘 Jay-Z

힙합 명곡 〈Empire State Of Mind〉, 비욘세의 남편, 메이저 제작사 Def Jam의 창업자, 사업가 등 Jay-Z를 설명하는 수많은 수식어가 존재한다. Jay-Z는 십 대에 마약팔이 소년이었지만 래퍼와 제작자로 전향해 스타가 되고도 거기서 멈추지 않았다. 고급 클럽 프랜차이즈, 샴페인 사업, 패션 브랜드, 프로 농구팀 등으로 사업을 확장했고 마이더스의 손처럼 많은 사업들을 성공시켜 약 5억 달러(한화 약 6천6백억 원)의 부를 축적했다.

[사진 39] Jay-Z
(출처: 위키피디아)

Jay-Z는 본인의 앨범뿐만 아니라 제작자로서 카니예 웨스트, 리아나 등의 앨범을 흥행시켰으며, 사업가로도 성공하여 힙합 가수로는 처음으로 억만장자가 되었다. 이 정도면 그의 사업 수완에 한계가 있는지 궁금할 정도다. 재미있는 사실은 Jay-Z가 Live Nation과 360도 딜을 체결하기 위해 자신이 창업한 Def Jam과 결별했다는 것이다. 이재에 밝은 그가 이런 결정을 한 것은 분명 360도 딜의 이점을 보았기 때문일 것이다. 그럼에도 360도 딜이 음악 산업 전반에 확산되지 못한 것은 일반적으로 뮤지션과 제작사 간 정보 비대칭성이 크다는 것을 암시한다.

9. Video Killed the Radio Star

소비자는 음악을 통해 경험을 소비하여 효용을 증가시킨다는 의미에서 일부 경제학자들은 음악을 '경험재(experience good)'라고 부른다. 그만큼 소비자에게 주는 경험이 중요하다는 뜻이다. 음악 제작 디지털화와 함께 음악 소비도 디지털화되면서 MTV, 유튜브, 스트리밍 서비스 등의 플랫폼이 시청 경험을 제공하는 역할을 하고 있다. 유튜브에서는 누구나 자유롭게 콘텐츠를 올릴 수 있고, MTV에서는 콘텐츠 제공자를 플랫폼이 선택한다는 차이가 있을 뿐, 음악 플랫폼에서는 누구나 관심 있는 음악을 무료로 경험해 볼 수 있다. 그렇다면, 디지털 플랫폼의 무료 음악 제공으로 원작자들이 피해를 보고 있지 않을까?

이에 대한 단서를 제공한 재미있는 사건이 독일에서 발생한 적이 있다. 독일 원작자 협회가 회원들이 만든 콘텐츠에 대해 유튜브에 저작권 지급을 요구한 사건으로, 유튜브는 협회가 요구한 저작권료가 너무 비싸다며 거절했다. 이들은 협상을 시도했지만 결렬됐고 유튜브는 2009년 독일의 모든 영상 서비스를 중지했다. 유럽의 경제학자들이 이 사건을 분석한 결과, 유튜브 영상 서비스가 중지된 곡의 디지털 음원 매출이 5~10% 정도 하락했다는 사실이 발견되었다.[93] 유튜브가 아니더라도 VEVO(Video Evolution) 같은 독립 플랫폼에 음원을 노출한 경우 매출이 10% 증가했다. 무료 플랫폼에 음원을 탑재하는 것이 원작자들에게 유리하다는 뜻이다. 또한 유튜브를 통한 노출은 기성 뮤지션보다 신인 뮤지션에게 더 유리했다.

이러한 결과는 디지털 플랫폼이 소비자로 하여금 구매를 무료 시청으로 대체하게 만들기보다는 구매를 결정하는데 필요한 정보를 제공하는 보완적 역할을 하는 것으로 해석할 수 있다. 그리고 플랫폼이 무료 영상으로 뮤지션들에게 피해를 주기보다 오히려 매출 신장에 기여함으로써 긍정적인 외부효과를 유발한 예로 볼 수 있다.

---

93 Kretschmer, T., & Peukert, C. (2020). Video killed the radio star? Online music videos and recorded music sales. Information Systems Research, 31(3), 776-800.

10. 표절의 경제학

표절은 저작권 침해의 한 유형이다. 우리 음악계만 봐도 생각보다 많은 작곡가들이 표절 시비에 휘말렸었다. 예를 들어 명문대 출신 유명 작곡가는 외국 작품을 표절한 의혹으로 방송을 하차했고, 가수 서바이벌 프로그램에서 큰 인기를 끌었던 모 가수에게는 90년대 공연윤리위원회의 표절 판정을 받은 이력이 주홍글씨처럼 따라다닌다. 표절에 대한 인식이 높지 않았던 과거에는 표절자가 큰 대가를 치르지 않았지만, 시간이 갈수록 지식재산권 보호가 강해지고 창조성에 대한 팬들의 기준이 높아져 요즘 시대의 표절은 매우 중대한 문제로 다뤄지고 있다.

일부 전문가들은 예술에서 부분적인 표절은 불가피하다고 주장한다. 예를 들어 작곡자가 피아노 건반에서 사용할 수 있는 음은 '도레미파솔라시' 단 7개다. 검은 건반을 포함해도 12개에 불과하다. 인간의 음악적 상상력을 무한대로 넓힌다 해도 12개 음으로 만들 수 있는 멜로디가 몇 개나 될까? 일정 정도 표절이 불가피하다는 주장도 이해가 가는 대목이다. 심지어 표절 의도가 없더라도 너무 비슷해서 명확하게 판단하기 어려운 멜로디가 나올 수도 있다. 그럼에도 불구하고 표절에 대한 관대함은 독창성을 발휘하고자 하는 노력을 약화시켜 문화발전의 걸림돌이 되므로, 창작품에는 엄정한 기준을 적용해야 한다.

경제학적으로 작곡자는 표절로부터 발생하는 이익과 비용을 비교하여 표절 여부를 결정한다고 볼 수 있다. 분석의 편의를 위해 작곡자가 남의 작품을 표절하더라도 표절 시비에 걸리지 않을 때 얻는 순이익을 X라고 가정하자. 여기에는 저작권료, 표절로 인해 절약되는 창작 시간과 노력 등이 포함된다. 반대로 표절 시비에 걸렸을 경우 작곡자가 얻는 순이익은 Y라고 하자. Y는 작곡에 투자했으나 회수할 수 없는 비용, 사회적 비판 때문에 활동을 중단함으로써 발생하는 비용 등일 것이다. 표절은 걸리거나 걸리지 않는 두 사건 중 하나만 발생하므로 표절 성공과 실패는 배타적인 사건이다. 따라서 표절 성공 확률이 P라면 표절에 걸려 실패할 확률은 (1−P)이다.

P의 확률로 표절에 성공하면 X를 얻으므로 성공의 기대 이익은 X×P로 표현할 수 있다. 예를 들어 표절에 성공할 확률이 1(백분율로 100%)이면 작곡자는 X(=X×1)를 그대로 가져갈 수 있지만, 확률이 0이면 0(=X×0)원을 가져가는 이치다. 성공 확률이 0.5이면 X의 절반(0.5×X)을 기대할 수 있다. 반대로, 실패의 기대 비용은 Y×(1−P)이다. 표절은 성공할 수도 있고 실패할 수도 있으므로, 표절의 기대 이익은 이 두 금액의 합인 (X×P) + (Y×(1−P))이다. 이 값이 클수록 표절의 기대이익도 커져 표절 유인은 강해진다.

이 기댓값 수식은 무엇을 의미하는가? 작곡자는 사회적 감시가 심해 표절 성공 확률 P가 작다고 할지라도, 표절 이익 X가 충분히 크면 표절을 감행할 수 있다는 뜻이다. 표절 실패의 기대비용 Y×(1−P)가 너무 크면 전체 기댓값이 작아져 표절 유인이 약화된다. 이 수식은 제도 설계에 대한 단서를 제공한다. 표절 감시망과 표절로부터 얻는 순이익을 표절의 기대 이익이 최소화될 때까지 조정해야 표절이 사라질 것이다. 다행히, 정보통신 기술의 발전으로 작곡자들이 표절에 성공할 확률은 갈수록 줄어들고 있다. 게다가 지적 재산권도 강화되면서 저작권 침해에 대한 징벌이 강해져 표절을 통해 얻을 수 있는 이익도 예전보다 크지 않다. 표절할 의도도 없이 비용을 들여 곡을 만들었다가 괜히 남의 곡과 유사하다는 누명을 쓸 바에야, 작곡할 때 비슷한 곡이 없는지 충분히 확인하는 것이 현명한 선택일 것 같다.

기댓값

 기댓값(Expectation)이란 어떤 사건에 대한 확률적 평균값으로, 각 사건이 일어날 경우 결과로 기대되는 값과 해당 사건이 발생할 확률을 곱한 것을 모든 사건에 대해 합한 값이다. 종종 평균(Mean Value)과 혼동되나, 단순한 평균이 아닌 확률적 예측치들의 평균값을 의미한다는 점에서 평균과는 다른 의미를 가진다.

쉬·어·가·기

표절의 역설: 람바다 습격 사건

 제니퍼 로페즈는 2011년 〈On the Floor〉라는 곡을 발표했다. 그녀는 해당 곡으로 MTV 유럽 음악상 후보로 지명되기도 했고 라틴 댄스 음악상을 받기도 했다. 사실 이 곡은 1980년대 말 히트했던 람바다라는 곡의 멜로디를 삽입한 작품인데, 원래 람바다는 카오마라는 브라질 댄스 밴드가 1989년 발표했다. 카오마는 당시 람바다를 부르고 람바다를 주제로 한 영화까지 나올 정도로 주목받았다. 그런데 카오마는 이 곡을 히트시키고 돌연 키르카스라는 볼리비아 출신 밴드에게 소송을 당했다. 키르카스는 카오마가 자신들의 〈요란도 쎄 푸에〉라는 곡을 표절했다고 손해배상의 소를 제기한 것이다.

[사진 40] 제니퍼 로페즈
(출처: 위키피디아)

 소송 결과에 대한 자세한 내용은 알려지지 않았지만, 거액의 합의금이 오고 갔을 가능성이 크다. 하지만 카오마나 키르카스가 전 세계를 무대로 활동했던 유명 밴드는 아니었기 때문에, 람바다가 히트하면서 두 밴드 모두 수많은 러브콜을 받았다. 어쨌든 람바다 표절 소동은 예기치 않게 해피엔딩으로 끝난 셈이다.

[사진 41] 키르카스 (출처: 위키피디아)

chapter 05

음악 산업과 경제 성과

1. 공연 산업은 경제에 얼마나 기여할까?

음원이 거래되는 음원 시장은 단일 시장이지만 음악으로 단위를 넓혀 보면 라이브 공연, 방송 출연, 광고 음악 심지어 노래방까지 시장 크기는 더 커진다. 국민경제는 음악 시장뿐만 아니라 국가 내 모든 시장을 포함한 집합체이다. 국민경제의 생산총액은 '국내총생산(GDP: Gross Domestic Product)'이라 부른다. 국민경제의 종합적인 성과는 'GDP', '물가상승률', '실업률'로 평가된다. 정부의 목표는 재정정책과 통화정책의 적절한 조합으로 경제 성장을 촉진하고 경기 변동을 안정적으로 관리하는 데에 있다.

우리나라의 경우 음악을 포함한 문화콘텐츠의 GDP 부가가치 비중은 2~3% 정도로 알려져 있다. 프랑스는 3.4%로 우리보다 다소 높다. 음악만 별도로 본다면 비중은 더 낮을 것으로 추정된다. 영국은 음악, 공연, 미술 등 문화 분야의 고용이 영국 전체 고용의 0.89%를 차지한다. 이 통계에는 라이브 공연, 레코딩 음악, 음악 출판, 도소매 등의 항목이 집계되는데 영국과 독일 모두 라이브 공연이 음악 산업 가치의 20~25%를 차

정부의 경제정책

정부의 경제정책은 재정정책과 통화정책으로 나눌 수 있다. 재정정책은 정부가 정부 지출이나 조세를 변화시켜 소기의 경제 성과를 달성하는 일련의 조치다. 통화정책은 중앙은행이 통화량의 변화를 통해 물가 안정과 경제 성장을 도모하는 일련의 정책이다.

GDP의 측정

GDP는 경제 내 모든 최종생산물의 가치를 따지거나, 최종생산물이 나오기 전까지 각 생산단계에서 발생한 부가가치를 합하여 도출된다. 이해를 돕기 위해 삼성 TV만 생산되는 단순한 경제를 가정해보자. 하이마트에서 파는 100만 원짜리 삼성 TV가 있다. TV가 하이마트에 도착하기까지의 과정은 다음과 같다. 삼성의 하청 업체는 디스플레이를 생산하여 삼성에 50만 원에 납품한다. 하청 업체가 열심히 일하여 0원에서 50만 원으로 부가가치가 창출되었다. 삼성은 디스플레이와 각종 부품을 조립하고 소프트웨어를 탑재하여 하이마트에 90만 원에 판매한다. 50만 원에서 90만 원으로 40만 원의 부가가치가 삼성에 의해 창출되었다. 90만 원에 TV를 넘겨받은 하이마트는 광고, 영업, 판매망을 동원해 TV를 100만 원에 판매한다. 10만 원의 부가가치가 생겼다. 부가가치만 더하면 역시 최종가치 100만 원(50만 원+40만 원+10만 원)이 나오는데 이 값이 바로 이 경제의 GDP다.

지한다.[94] 음악이 의식주처럼 필수재의 성격이 강하지 않으므로 경제 전체

---

94 Tschmuck, P. (2017), The economics of music, Newcastle-upon-Tyne: Agenda

에서 차지하는 비중이 크지 않은 것이 놀라운 일은 아니다.

그렇다면 경제 전체에 미치는 파급 효과는 어떨까? 경제학자들은 '생산유발 효과'라는 개념을 이용하여 이 효과를 추정한다. 생산유발 효과란 어떤 재화와 서비스에 대한 수요가 다른 산업에서 수요를 발생시키는 현상을 말한다. 생산유발 효과를 측정하기 위해 '생산유발 계수'라는 지표가 사용된다. 예를 들어 자동차 한 대에 대한 수요가 발생했을 때, 그 수요를 만족시키기 위해 타이어, 전기장비, 철강 등의 생산이 유발된다. 자동차 산업의 생산유발 계수가 2.5일 경우, 천만 원짜리 자동차가 생산되었을 때 경제 전체에 이천 500만 원(2.5×천만 원)의 생산창출 효과가 있다고 해석한다. 한 연구에 의하면 우리나라의 음악, 연극 등 공연 산업 생산유발 계수는 1.38이다.[95] 우리나라에서도 영국과 독일처럼 라이브 공연이 음악 산업의 상당 부분을 차지한다는 가정 하에, 공연 산업의 생산유발 계수 추정치에 의미를 부여해 보더라도 우리 경제에서 공연 산업의 역할은 크지 않은 것 같다. 1.387은 타 산업과 비교하면 공공행정 다음으로 낮은 수치. 부가가치유발 계수는 0.662로 산업별 순위에서 중간 정도에 위치한다. 다만 소득유발 계수는 0.455로 상당히 높은 것으로 보고되었다. 이는 공연 산업이 노동집약적이라는 뜻이다. 자본에 의존하는 산업에서는 생산에 돈이 투입되었을 때 노동 소득이 많이 발생하지 않지만, 노동집약적인 산업에서는 상대적으로 노동 소득이 많이 발생한다.

이러한 추정치들은 경제통계 자료에 근거하는데, 경제통계는 정량적인 정보를 담고 있다. 정량적 자료는 경제활동에 포함되어있지만 관측할 수 없는 정보는 배제하므로 해석 시 주의가 필요하다. 예를 들어 대표적인 경제통계인 GDP는 경제적 후생의 지표로 흔히 사용되지만, 범죄율, 가

Publishing, 224.
[95] 배기형 (2013), 공연산업의 경제적 파급효과 분석, 한국콘텐츠학회논문지, 13(1), 147–155.

사노동, 환경, 정치적 안정성, 사회 구성원 간 연대감 등 우리 후생에 영향을 미치는 정성적인 요소들은 반영하지 못한다. 음악이 우리 후생에 미치는 영향도 마찬가지일 것이다. 음악은 백화점, 엘리베이터, 헬스장, 커피숍, 식당 등 우리 생활 속 곳곳에서 흘러나온다. 음악 산업이 우리 경제의 중추적인 역할을 하는 것은 아니지만, 그렇다고 음악의 가치를 과소평가할 필요는 없다.

쉬·어·가·기

로디(Roadie)에서 브릿팝(Britpop) 대표 밴드로

"And so Sally can wait, She knows it's too late, As she's walking on by~"

카페나 호프집에 앉아 있으면 자주 듣게 되는 영국 밴드 오아시스의 〈Don't Look Back In Anger〉의 후렴구다. 오아시스라는 밴드를 몰라도 이 후렴구를 들어본 사람은 많을 것이다. 1996년 출시됐던 이 곡은 95년 영국 싱글차트 1위를 기록했고 2015년 『롤링 스톤』 구독자들이 뽑은 역대 최고 브릿팝 곡 중 2위를 차지해 오아시스 명성에서 빼놓을 수 없는 업적이 되었다. 이 곡을 작곡한 오아시스의 기타리스트 노엘 겔러거는 보컬 리암 겔러거의 형인데, 이 형제는 알콜중독자 아버지에게 구타와 학대를 당했던 불우한 과거가 있다. 이 때문에 노엘은 말더듬 증상을 겪기도 했고 정신과 치료를 받았다. 심지어 청소년기에는 학교에서 문제를 일으켜 퇴학당한 뒤 절도죄로 소년범이 되기도 했다. 노엘은 음악에 관심이 많아 인스파이럴 카펫이라는 밴드 오디션에 응시했으나 떨어지고 그 밴드의 로디(무대 스텝)로 일했다. 로디는 공연장에서 밴드를 위해 악기와 장비를 준비하고 이동하는 공연 진행요원이다. 로디가 되면 공연 때 연주를 제외한 모든 일들을 담당하는데, 노엘은 공연의 모든 것을 경험하면서 음악적 감수성을 성숙시킨 것으로 보인다. 노엘 갤러거뿐만 아니라, 핑크 플로이드의 데이빗 길모어, 블랙 사바스의 조이 디마이오, 사운드 가든의 벤 세퍼드(너바나의 로디) 등 성공한 뮤지션들 중에서도 로디 출신을 많이 볼 수 있다. 어쩌면 로디야말로 공연산업의 실질적인 수혜자가 아닐까?

2. 소비자 잉여: GDP에 포착되지 않는 스트리밍 서비스의 후생 효과

GDP는 국가 경제 내에 발생한 생산, 지출, 수입의 지표다. 국가 경제라는 울타리 안에서 보면 재화와 서비스가 생산된 만큼 누군가 구매하므로 (또는, 구매 수요가 있어 생산했다고 봐도 무방하다.) 생산의 시장가치와 지출의 시장가치는 같을 수밖에 없다. 또, 생산에 투입된 생산요소(노동, 자본)는 누군가 생산물 구매에 지출한 만큼 요소 수입으로 대가를 받기 때문에 지출과 수입은 같다. 따라서 생산 = 지출 = 수입의 항등 관계가 성립한다.

재화와 서비스는 시장에서 거래되므로 GDP는 화폐가치로 구할 수밖에 없다. 구체적으로, GDP는 모든 재화와 서비스의 생산량에 가격을 곱하고 이 값을 총합하여 구한다.

GDP = (쌀 생산량×쌀 가격) + (우유 생산량×우유 가격) + ⋯ + (이발비 생산량×이발비 가격) + (음원 생산량×음원 가격)

생산량이 늘어 발생한 GDP 증가는 사람들의 생활이 윤택해진 것으로 해석한다. 바로 경제적 후생의 증가이다. 다만, 가격의 후생 효과와 GDP의 후생 효과는 구분하여 해석해야 한다. 예를 들어 음원 형태가 CD 같은 실물에서 스트리밍으로 전환되며 음원은 저렴해졌다. 하지만 GDP 계산에 음원의 비중이 그리 크지 않으므로 GDP가 감소하지는 않았을 것이다.

또 생각해봐야 할 문제는 가격의 후생 효과다. 품질이 일정할 때 같은 양의 재화와 서비스를 싼 가격에 소비할 수 있다면, 무조건 소비자에게 유익하다. 따라서 특정 상품의 가격변화가 후생에 주는 영향은 경제 전체의 후생 척도인 GDP와 분리하여 해석해야 한다.

음원 가격하락에 착안하여 후생 효과를 측정한 연구가 발표된 적이 있다.[96] 이 연구는 음원 가격하락으로 확대된 소비자 잉여를 추정했다. 소비자 잉여는 '소비자가 시장을 통한 거래에서 얻는 이득'인데, 소비자가 지불할 용의가 있는 가격에서 실제 지불한 시장 가격을 뺀 나머지로 계산한다. 이를 도식화하면 [그림 21]처럼 소비자가 지불할 용의가 있는 가격의 조합인 수요곡선과 시장가격의 차분 영역으로 나타낼 수 있다. 그림에서 소비자는 재화와 서비스 1단위를 구매할 때 1,000원을 지불할 용의가 있지만 시장가격은 500원이므로, 1단위를 500원에 구매할 때 500원만큼 이득을 본다. 이것이 소비자 잉여이다. 생산자 잉여는 반대로 공급곡선과 시장가격 간 차분으로 측정한다. 공급곡선은 생산비용의 조합이므로 시장가격에서 재화와 서비스를 판매했을 때 생산자가 보는 이득이다. 모든 소비자와 생산자 잉여의 합은 시장에서 거래하는 사람들의 잉여의 합으로 사회 전체 후생을 나타낸다. [그림 22]에서 보이듯 가격이 하락할수록 소비자 잉여는 증가한다는 것을 유추할 수 있다.

---

96 Edquist, H., Goodridge, P., & Haskel, J. (2022), The economic impact of streaming beyond GDP, Applied Economics Letters, 29(5), 403-408.

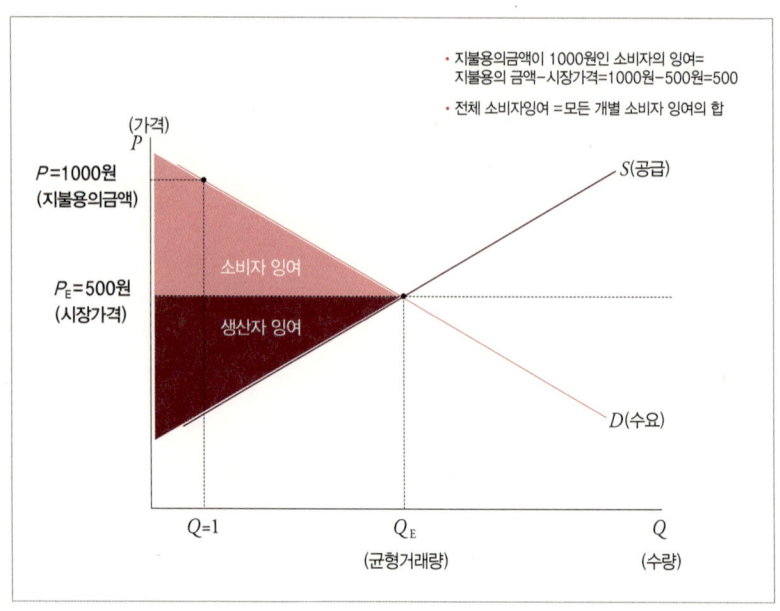

[그림 21] 수요·공급 곡선 상에서의 소비자 잉여와 생산자 잉여

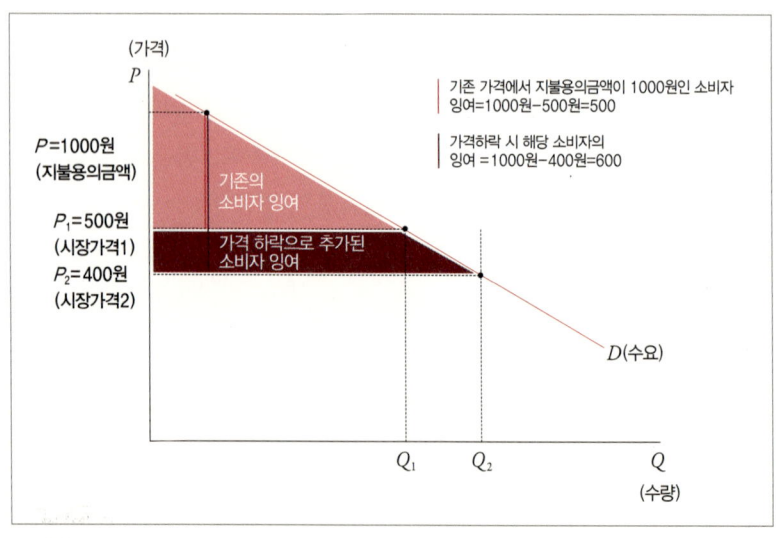

[그림 22] 하락에 따른 소비자 잉여의 증가

이 연구에 의하면, 2005년 글로벌 음원 CD 매출은 178억 달러였고 스트리밍은 1억 달러였다. 실물 음원이 압도적으로 높았던 반면, 2019년 글로벌 음악 매출에서 CD가 차지하는 비중은 22%이고 스트리밍은 56%로 주요 소비 채널이 스트리밍으로 전환됐다. 이 연구는 음악 소비가 CD에서 스트리밍 구독으로 전환하면서 스트리밍 곡당 가격은 2005년 CD 가격과 비교해 85%가 하락한 것을 발견했다. 디지털화로 음원 복제가 쉬워져 생산비용이 떨어진 탓이다. 가격 하락으로 소비자 잉여는 증가했을 것이다. 그런데 GDP는 각 시장의 상품가격과 생산량의 곱으로 계산되므로, 음원 가격이 하락한다고 해서 GDP가 증가하지 않는다. 소비자 잉여가 증가했는데도 후생지표인 GDP는 이를 반영하지 못한다는 뜻이다.

또 이 연구는 CD와 스트리밍의 상대가격에 근거해 2005년 소비자가 스트리밍에 쓸 돈을 CD에 썼다면 7억 달러를 쓰게 되는 것이라고 주장했다. 이때 7억 달러는 어떻게 도출된 수치일까? 2005년 스트리밍 매출은 1억 달러였다. 스트리밍 가격이 CD보다 85% 저렴하므로, CD와 스트리밍의 상대 가격은 1대 0.15이다. 아래처럼 이 비율대로 계산하면 2005년 스트리밍 매출 1억 달러는 2005년 CD 매출 7억 달러로 환산된다.

CD 가격 : 스트리밍 가격 = CD 매출 : 스트리밍 매출
1 : 0.15 = X : 1억 달러
X = 약 7억 달러

이 연구는 업계에서 집계한 2019년 음원 매출은 110억 달러였지만, 스트리밍 때문에 낮아진 음원 가격을 반영하면 실질적으로 760억 달러에 달한다고 주장했다. 음원 가격이 내려간 데다 소비량도 늘었다. 스트리밍 음원시장은 GDP에 크게 반영되지 않을 뿐, 재화와 서비스 가격이 내려가 소비자 후생이 증가하는 사례다.

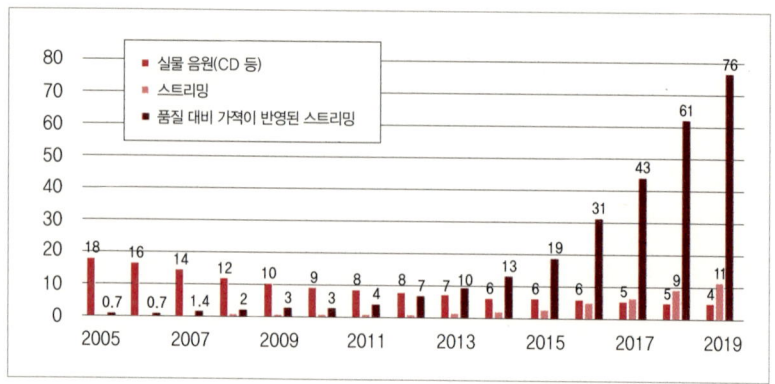

[그림 23] 실물 음원, 스트리밍, 조정된 스트리밍의 매출 추이 (2005-2019) (출처: Edquist, H., Goodridge, P., & Haskel, J. (2022), The economic impact of streaming beyond GDP. Applied Economics Letters, 29(5), 403-408, 저자 가공)

3. 카니예 웨스트 vs 모차르트, 당신의 선택은?

경제 성장은 평균적으로 사람들의 소득이 늘어나는 현상이다. 책 초반부에 음악 수요의 소득탄력성이 1을 초과하는 것을 발견한 연구를 소개했다. 소득이 상승하면 사람들은 음악 수요를 소득상승분보다 더 늘린다는 뜻이다.

소득이 늘면 음악 선호도 바뀔까? 캐나다의 한 사회학자는 사회계층(social class)과 음악 장르 선호 간에 상관관계가 있음을 발견했다.[97] 우리는 사회적으로 존경받는 사람의 언행이 일치하지 않을 때 이를 비난하고, 갑작스레 부자가 된 사람이 교양 없는 행동을 할 때 그를 '졸부'라고 놀리기도 한다. 그만큼 현대 사회에서 '계층'은 모호한 개념이며 누군가를 특

---

[97] Veenstra, G. (2015), Class position and musical tastes: A sing-off between the cultural omnivorism and Bourdieusian homology frameworks, Canadian Review of Sociology/Revue canadienne de sociologie, 52(2), 134-159.

정 계층으로 분류하기는 쉽지 않다. 계층을 과학적으로 분류하려면 윤리적, 철학적, 경제적, 정치적 특성 등 여러 가지 복잡한 요소들을 고려해야 한다.

이 사회학자는 사람의 소득, 나이, 교육, 성별, 인종, 이민자 여부, 거주지역 등의 사회경제적 특성을 계층의 지표로 보고, 사회경제적 특성이 음악 장르 선호와 연관이 있는지 분석하였다. 그 결과 소득과 학력이 낮은 사람들은 헤비메탈, 컨트리, 디스코, 랩 등의 장르를 선호하는 반면, 높은 사람들은 클래식, 재즈, 블루스, 록 등을 선호하는 것을 발견했다. 장르 선호와 기피 정도는 계층 간 뚜렷한 차이를 보였는데, 학력이 가장 낮은 사람들의 클래식 기피 정도가 최고 학력자들보다 8배나 높았다. 반대로 고학력자들은 헤비메탈이나 랩을 기피했다. 그러나 하류계층에 있던 사람이 상류계층으로 이동한다고 해서 선호 장르가 크게 바뀌지는 않는 것으로 나타났다.

우리나라에서도 비슷한 연구 결과가 발표된 적이 있다.[98,99] 사람들을 소득과 직업 기준으로 분류했을 때, 저소득자와 육체 노동자는 대체로 트로트를 선호하고 고소득자와 서비스 노동자는 클래식, 재즈, 블루스를 선호하는 것으로 나타났다. 이 연구들에 비추어 보면, 나이, 지역, 성별뿐만 아니라 소득도 음악 선호에 영향을 미친다고 볼 수 있다.

---

[98] 양종회. (2009). 문화적 취향의 분화와 계급. 한국사회학, 43(5), 170-209.
[99] 최샛별, 이명진. (2012). 음악장르, 여가활동, TV프로그램 선호분석을 통해 본 한국 사회의 문화 지형도. 한국사회학, 46(2), 34-60.

음악 장르 선호 기피의 예측 변수		
음악 스타일	음악 장르 선호 예측변수	음악 장르 기피 예측변수
클래식	백인, 대학원생	토론토 사람, 남아시아인, 오래전에 이주한 사람이 아닌 사람, 중학교 졸업 이하
힙합	캐나다 출생	남성, 중장년층, 백인, 최근에 이주한 사람, 중학교 졸업 이하, 중산층
합창	중년 여성, 흑인, 최근에 이주한 사람, 대학원생	남성, 남아시아인, 캐나다 출생, 중학교 졸업 이하
포크	백인, 캐나다 출생, 대학원생, 저소득자	남아시아인, 중학교 졸업 이하
랩	토론토 사람, 남성, 아시아인 혹은 남아시아인, 캐나다 출생	벤쿠버 사람, 중장년층, 백인, 최근에 이주한 사람, 중학교 졸업 이하, 중산층
오페라	토론토 사람, 여성, 남아시아인이 아닌 사람, 대학원생	남성, 중장년층, 남아시아인, 4년제 대학 교육 미만, 저소득자
컨트리	오래전에 이주한 사람이 아닌 사람, 중학교 졸업 이하, 저소득자	남성, 청년층, 이주한지 오래된 사람, 4년제 대학 교육, 최상류층
팝	중년 여성, 캐나다 출생, 2년제 대학, 부유층	토론토 사람, 남성, 청년층, 남아시아인, 이주한지 오래된 사람, 중학교 졸업 이하, 저소득자
재즈	남성, 중장년층, 백인	여성, 청년층, 남아시아인
이지 리스닝	중년 여성, 남아시아인, 오래전에 이주한 사람이 아닌 사람, 중학교 졸업 이하	토론토 사람, 남성, 청년층, 백인, 이주한지 오래된 사람, 대학원생
레게	남성, 중장년층, 흑인, 캐나다 출생	흑인이 아닌 사람, 중학교 졸업 이하, 중산층
락	남성, 중장년층, 백인, 캐나다 출생	토론토 사람, 청년층, 백인이 아닌 사람, 이주한 사람, 중학교 졸업 이하
헤비 메탈	토론토 사람, 남성, 중장년층, 백인, 중학교 졸업 이하, 저소득자	여성 청년층, 남아시아인 혹은 흑인, 최근에 이주한 사람
뮤지컬, 음악극	중년 여성, 남아시아인이 아니거나 흑인, 캐나다 출생, 상류층	남성, 청년층, 남아시아인
가스펠	여성, 중장년층, 흑인, 캐나다 출생, 저소득자	남성, 청년층, 남아시아인
블루스	중장년층, 백인, 캐나다 출생, 2년제 대학 교육을 받지 않은 사람	청년층, 아시아인 혹은 남아시아인, 최근에 이주한 사람, 2년제 대학
뉴 에이지	여성, 중장년층, 고등학교 졸업	남성, 청년층, 흑인 혹은 남아시아인

빅 밴드	백인, 캐나다 출생, 대학원생이 아닌 사람, 최상류층	청년층, 남아시아인, 최근에 이주한 사람
골든 올디스	여성, 중장년층, 캐나다 출생, 중학교 졸업 이하	벤쿠버 사람, 남성, 청년층, 최근에 이주한 사람, 대학원생
국제 음악	여성, 중장년층, 흑인이 아닌 사람, 이주한 사람, 대학원생	남성, 흑인, 캐나다 출생, 중학교 졸업 이하
디스코	여성, 중장년층, 남아시아인, 4년제 대학 교육을 받지 않은 사람	남성, 청년층

〈표 6〉 음악 스타일별 장르 선호 · 기피의 예측 변수 (출처: Veenstra, G. (2015). Class position and musical tastes: A sing-off between the cultural omnivorism and Bourdieusian homology frameworks. Canadian Review of Sociology/Revue canadienne de sociologie, 52(2), 134-159, Table 6, 저자 가공)

쉬·어·가·기

계층을 초월한 스티브 모스의 음악

사회계층과 음악 장르 간에 상관관계가 있다면 다양한 장르를 연주하는 뮤지션은 다양한 계층에게 음악을 공급하게 된다. 대체로 뮤지션들은 한 장르에 집중하는 경향이 있지만, 딥퍼플의 기타리스트로 활동했던 스티브 모스는 클래식, 재즈, 록, 컨트리를 모두 연주한다. 상류층이나 하류층 모두 그의 음악을 듣고 있는 셈이다. 그는 1970년대 음악 명문 마이애미대 음대에서 클래식과 재즈를 배웠는데, 당시 마이애미대 음대는 팻 매스니, 브루스 혼스비 등이 공부하던 곳이었다. 이들이 모두 거장으로 성장한 것을 보면 역시 외부 효과 (또는 동료 효과)가 중요한 것 같다.

1980년대 딕시 드렉스라는 밴드의 기타리스트로 활동을 시작한 모스는 뛰어난 테크닉으로 알려지기 시작했고 음악 이론에 대해 오랫동안 전문지에 칼럼을 기고하는 등 연주뿐만 아니라 이론가로도 인정받았다. 그는 딕시 드렉스에서 주로 프로그래시브 록(Progressive

[사진 42] 스티브 모스
(출처 : 위키피디아)

Rock)을 연주했지만, 블루스, 컨트리, 재즈, 펑크, 퓨전, 클래식 장르를 시도하거나 여러 장르를 혼합해서 연주했다. 연주 실력이 탁월했던 모스는 풍부한 이론적 지식을 바탕으로 특정 장르만 고집하는 것이 아닌, 여러 장르를 소화할 수 있었다.

보통 유명 기타리스트들이 다수의 악기를 보유하는데, 스티브 모스는 어니볼 뮤직맨 시그니쳐(Ernieball Music Man) 모델을 주로 사용한다. 그의 연주를 시간에 따라 추적해보면 호화롭게 많은 악기를 사용하지 않은 걸 알 수 있다. 물론 뮤직맨 기타가 자기 연주에 적합하다고 판단했겠지만, 한 인터뷰에서 수십 년을 사용해 낡아진 기타를 그대로 메고 나와 기타 한 대면 충분하다고 언급하기도 했다. 실력, 소박함, 겸손함 등의 면에서 그는 너무나 배울 게 많은 예술가다.

4. 예술은 경제 성장을 촉진할까?

예술의 경제 효과를 검증한 연구들은 일관된 근거를 찾지 못했다. 이는 예술의 경제 효과가 약하기 때문일 수도 있지만, 예술의 효과를 정확하게 측정한 자료가 가용하지 않거나 통계적 방법이 미비하기 때문일 수도 있다. 그래서 예술의 경제 효과 연구가 더 필요하다.

예술의 경제 효과 분석을 시도한 연구는 여럿 있었지만 대부분 기초적 통계분석에 그치는 경우가 많았다. 반면, 예술 활동의 경제 효과에 대한 문헌 중 미국의 장기 자료를 분석한 한 연구는 단순한 통계분석을 넘어서

승수효과와 한계소비성향

산업이 발생시키는 경제효과 중 대표적인 것이 경제 성장 효과다. 이를 '승수효과(multiplier)'라는 개념을 통해 이해해 보자. 승수효과는 어떤 지출이 그 지출로 인한 결과만 도출하는 것이 아니라 경제 내의 총수요를 증가시킬 수 있다는 논리에 기초한다. 예를 들어 정부가 경기진작이 필요하다고 판단해 고속도로 신축사업에 100억 원을 지출했다고 하자. 그럼 이 사업을 시행한 기업과 노동자에게 100억의 소득이 발생하게 되므로 1차적으로 국민경제에 100억의 성장 효과가 나타난다. 한계소비성향('한계소비성향'은 증가한 소득 중 소비에 쓰인 비율이다. 한계소비성향이 0.6이라면 경제 주체는 100억의 수입 중 60%인 60억을 지출한다는 뜻이다.)이 0.6이라고 가정하면, 2차적으로 기업과 노동자는 이 100억 중 40억을 저축하고 60억을 소비한다. 60억은 다른 기업과 노동자의 소득으로 지급되고 이들은 60억의 60%인 36억을 소비한다. 이 과정이 무한 반복되면 100억의 정부 지출은 60억, 36억 … 등으로 변화한다. 이처럼 추가 지출을 연쇄적으로 경제 전체에 파급시키는 현상을 정부 지출 승수효과라 부른다. 한계소비성향이 클수록 승수효과도 커진다. 이밖에 투자 지출의 증가가 얼마만큼 최종적인 소득 증가를 발생시키는가를 나타내는 '투자승수', 수출 증가가 얼마만큼 소득 증가를 가져오는가를 나타내는 '수출승수' 등이 있다.

미국 전역의 자료를 취합하고, 변수 간 장기 관계를 추정하는 엄밀한 계량적 모형을 사용하여 좀 더 신뢰할 수 있는 결과를 제시했다.[100] 이 연구

---

[100] Pedroni, P., & Sheppard, S. (2013), Culture shocks and consequences: the causal link between the arts and economic growth, Center for Creative Community Development.

는 예술의 외부효과로 인해 경제 주체들이 예술을 소비함으로써 교육 수준이 증가하고 창조성이 자극되어 생산 효율성이 증가한다는 가설을 검증하고자 했다.

이 연구는 미국 통계국에서 집계한 384개 대도시의 지역별 GDP 자료와 각 도시에서 발생한 예술 활동 자료를 분석하였다. 예술 활동 자료에는 박물관 전시, 심포니, 댄스, 음악 등 다양한 공연 매출이 포함되었는데, [그림 24]에 따르면 인구당 예술 생산은 워싱턴DC, 매사추세츠 주 피츠필드, 뉴멕시코 주 산타페, 뉴욕시 등이 높았다. [그림 25]에 드러나듯 예술 생산은 전반적으로 GDP보다 훨씬 변동성이 컸다. 이는 예술상품이 필수재가 아니므로 예술 소비가 경제 상황에 따라 급격하게 증감하기 때문으로 보인다. 또한 예술 소비와 경제성장률은 양(+)의 상관관계를 갖는

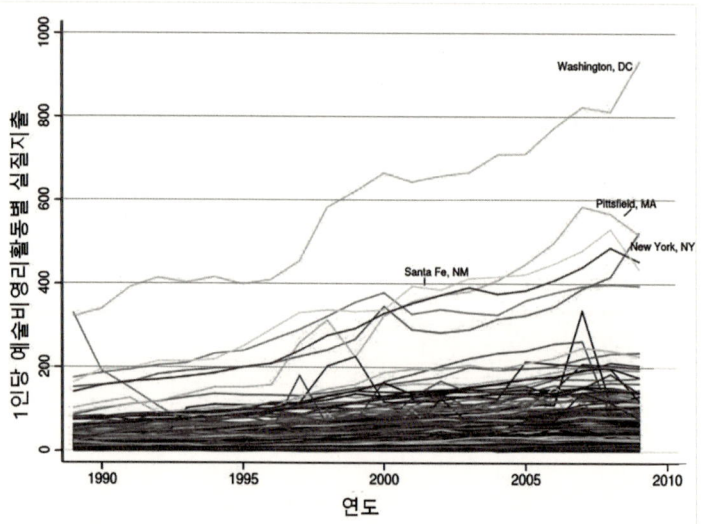

[그림 24] 연도별 인구당 문화예술지출 (출처: Pedroni, P., & Sheppard, S. (2013). Culture shocks and consequences: the causal link between the arts and economic growth. Center for Creative Community Development, 18)

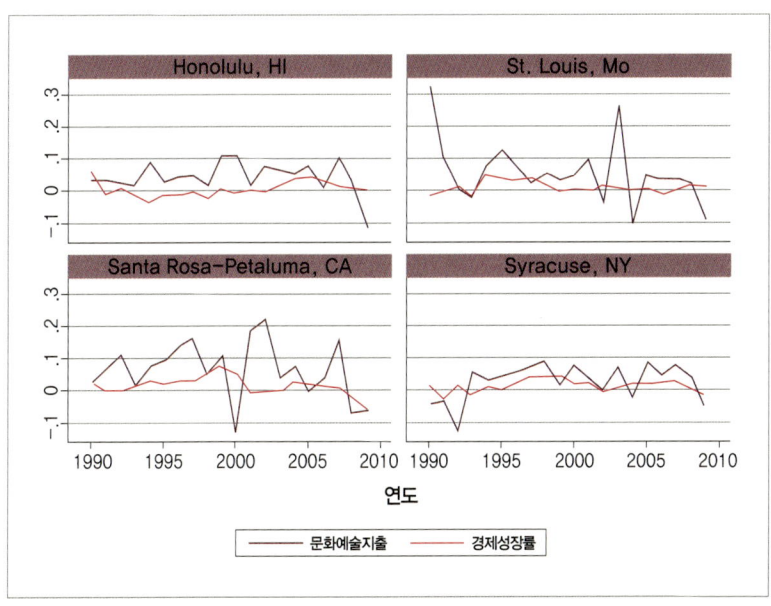

[그림 25] 문화예술지출과 경제성장률 간 관계 (출처: Pedroni, P., & Sheppard, S. (2013). Culture shocks and consequences: the causal link between the arts and economic growth. Center for Creative Community Development, 18)

것으로 나타났다. 예술 소비 증가는 장기적으로 1인당 GDP 증가로 이어지는 것이 확인되었고, 단기적으로도 승수효과가 식별되었다. 경제효과는 지역에 따라 달랐는데, 하와이나 캘리포니아 같은 태평양 지역에서는 매우 강하게, 산간 지역에서는 약하게 나타나 자연환경과 위치에 따라 다른 경제 구조의 차이도 영향을 미치는 것으로 확인되었다.

경제 성장과 경기 변동

1960년 우리나라의 1인당 GDP는 약 1천 달러였고 미국은 1만7천 달러로,[101] 그 당시 양국의 소득 격차는 약 17배였다. 2022년 우리나라의 1인당 GDP는 약 3만5천 달러이다. 미국은 약 두 배에 달하는 7만4천 달러이다.[102] 한화로 따지면 어림잡아 한국은 4천5백만 원, 미국은 9천5백만 원 정도가 된다. 물가, 생활환경, 사회제도 등 나머지 후생요인들도 고려해야 하지만, 평균적으로 미국인들이 우리보다 두 배 잘 산다는 뜻이다. 어쨌든, 한국 경제가 성장함에 따라 소득 격차가 열일곱 배에서 두 배로 확연하게 감소한 것은 분명하다.

통상적으로 '경제 성장'은 인구 1인당 GDP가 장기간에 걸쳐 증가하는 현상이다. 경제 성장의 역사적 경험으로 보면, 자본축적 수준이 낮은 빈국이 적극적으로 저축과 투자를 단행할 때 경제가 빠르게 성장하고, 자본이 축적되어 부국이 될수록 성장이 둔화한다. 빈국의 성장률이 높은 이유는 자본이 부족할 때 추가된 자본의 생산성이 높기 때문이다. 이는 책 초반부에 설명한 생산요소의 한계생산체감 현상과 관계가 깊다. 예를 들어 남미 개발도상국의 시골 마을 농부들이 맨손으로 작업하다 농기계를 한 대 장만하면, 추가된 농기계 때문에 증가한 생산성은 매우 높을 것이다. 반면, 부국인 미국의 농촌에는 농기계가 넘쳐나므로 한 대 늘려도 생산성이 크게 증가하지는 않는다. 때문에 미국 같은 국가의 경제성장률은 높지 않다.

빈국의 성장률이 높고 부국의 성장률이 낮다면, 빈국이 빠르게 성장하여 상대적으로 성장이 정체된 부국의 소득수준에 근접한다는 논리가 성립한다. 2차 세계대전 이후 역사를 돌이켜보면, 1950년대 빈국으로 출발

---

101 Penn World Table
102 World Economic Outlook – GDP per capita (IMF)

했지만 자본축적을 통해 신속하게 선진국 소득수준에 근접한 우리나라, 싱가폴, 홍콩, 대만이 이 논리를 경험적으로 뒷받침한다. 그런데 아프리카와 남미의 일부 제3세계 국가들은 오랫동안 빈국의 굴레를 벗어나지 못하고 있다. 경제 성장원리에 예외가 있는 것일까? 경제학자들은 빈국이 가난의 굴레를 벗어나지 못하는 것은 기술 때문임을 밝혀냈다. 기술은 노동, 자본 외에 제도, 문화, 인프라 등 생산 효율성을 변화시키는 모든 무형의 생산요소를 통칭한다. 노동과 자본에는 한계생산체감이 발생하여 축적될수록 추가된 노동과 자본의 생산성이 낮아지지만, 사회제도가 개선된다고 해서 생산성이 예전보다 낮아지지는 않는다. 반대로 사회제도가 후진적이면 경제 성장은 제한된다.

실제로 선진국들의 경우 성장률은 높지 않지만, 그들은 끊임없는 기술진보를 통해 지속적으로 성장했고, 만년 빈국에서는 재산권의 제한, 경쟁시장의 미비, 정치적 불안, 부패, 불신 등 자유롭고 경쟁적인 경제활동을 방해하는 후진적 제도들이 경제 성장의 장애 요인으로 작용했다.

'경기 변동'은 GDP가 단기간에 불규칙적으로 증감하면서 확장과 침체 국면을 겪는 현상이다. 경기 변동은 총수요와 총공급의 상호작용으로 발생한다. '총수요'는 각 물가 수준에서 가계의 소비 수요, 기업의 투자수요, 정부의 지출수요의 합이다. 절대다수 국가가 외국과 교역을 하는 개방경제를 채택하므로, 이를 반영하기 위해 수출을 위한 생산에서 발생하는 기업의 지출수요를 더하고 외국에서 발생하는 수입 수요는 제외한다. '총공급'은 각 물가 수준에서 모든 기업이 공급하고자 하는 공급량이다. 총공급은 기업의 생산비용에 영향을 받는다.[103] 생산비용에 영향을 미치는 중요한 요인은 기술진보다. 기술진보로 인해 생산비용이 낮아지면 낮

---

[103] 한가지 주의할 것은 총수요와 총공급 곡선의 기울기가 재화나 상품이 수요·공급 곡선의 그것과 일치하는 것처럼 보이는데 이유는 전혀 다르다는 점이다. 자세한 내용은 이 책의 범위를 벗어나므로 경제학 원론 교과서를 참조하기 바란다.

은 물가 수준에서 공급량이 결정된다.[104]

총수요 = 소비 + 투자 + 정부지출 + 수출 − 수입
총공급 = 경제 내 모든 기업의 공급

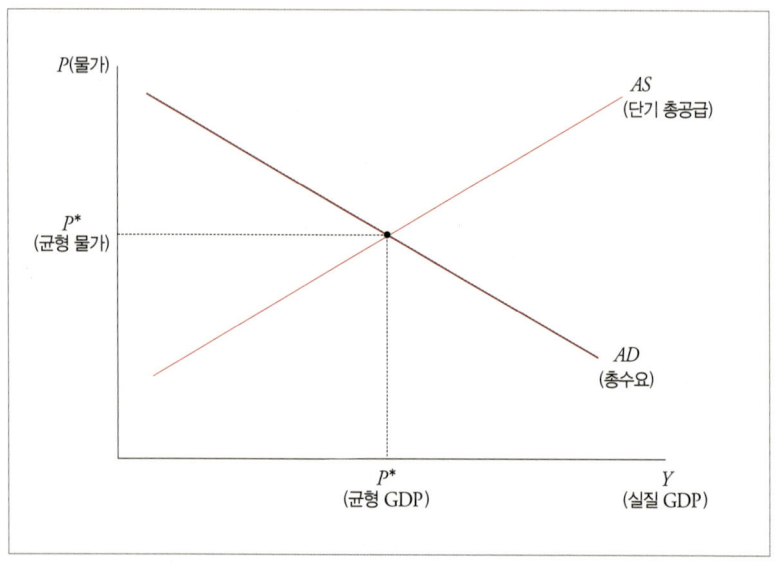

[그림 26] 총수요-총공급 곡선 (출처: 필요한 만큼 배우는 경제학, 저자 가공)

정부는 경기가 과열되거나 침체하지 않도록 경제정책을 사용한다. 예를 들어 금리가 너무 낮으면 사람들은 저축보다 소비를 늘리게 되고 기업은 저금리를 이용해 투자를 늘린다. 소비·투자의 과도한 증가로 경기가 과열 국면에 들어가면 경제 전체에 초과수요가 발생하여 물가가 급격하

---

104 장기에 생산량은 생산요소의 영향만 받을 뿐 물가의 영향을 받지 않으므로 장기 총공급 곡선은 수직으로 표현한다.

게 오를 수 있으므로, 중앙은행이 통화를 긴축하거나 금리를 올려서 가계 소비와 기업 투자를 통제한다. 금리가 오르면 가계가 저축할 유인이 강해지고 기업의 자금조달 비용이 커져 소비와 투자가 위축된다. 반대로 경기 침체가 예상되면 정부는 감세를 단행하여 사람들의 지출 여력을 늘려주거나 정부지출을 늘려 정부가 수요의 주체로 나선다. 중앙은행은 유동성을 공급하고 저금리 기조를 도모하여 가계 소비와 기업 투자를 유도한다.

쉬·어·가·기

아시아의 기적

경제 성장은 노동, 자본, 기술 등 생산요소 투입에 따른 생산량 증가로 발생한다. 미국, 영국, 캐나다, 호주 등 선진국은 지난 백 년 이상 장기적으로 성장하였다. 반면, 아시아 국가들은 단기적으로 급성장한 역사를 갖고 있다. 자본축적량이 적었던 아시아 빈국들은 높은 한계생산을 이용하여 단기간에 고성장을 달성하였다. 우리나라의 경제성장률은 1966년 11.9%까지 올라간 적이 있다.

한국의 이러한 경험은 경제학계에 논쟁과 연구과제가 될 만큼 많은 관심을 받았다. 1995년 노벨 경제학상을 받은 로버트 루카스 교수는 '기적'이라는 표현을 사용할 정도로 한국의 경제부흥에 주목하기도 했지만, 2008년 노벨 경제학상 수상자인 폴 크루그먼 교수는 '아시아의 경제 성장은 단순한 생산요소 투입에 기인한 현상이며 결과적으로 사회주의 국가처럼 한계에 봉착할 것'이라고 비판하기도 했다. 지속가능한 성장은 오직 기술진보에 의해 가능하다는 것을 생각한다면 크루그먼 교수의 주장도 일리가 있다.

아시아의 성장은 일본을 필두로 한국, 대만, 홍콩, 중국의 역사가 증명한다. 가장 먼저 서구의 주목을 받았던 국가는 일본이다. 음악 업계에서도 재즈 피아노계의 거장인 에디 히긴스가 〈신주쿠 트와일라이트〉라는 곡을 쓸 정도로 일본은 서구음악계의 관심을 받았다. 일본에서는 경제적 번영과 함께 1970년대에 세련되고 도시적인 음악에 대한 욕구가 퓨전 재즈, 애시드 재즈 등의 특징을 가진 시티 팝이라는 장르로 표출되었다. 퓨전 재즈도 한국보다 먼저 시작됐다. 퓨전 재즈 밴드로 카시오페아, T-Square 등이 우리에게 익숙하다.

원래 우리나라에서 일본 음악은 해방 이후 오랫동안 왜색 문화로 거부되었다. 일본 가요는 1980년대 초 초등학생들이 곤도마사히코의 〈긴기라긴니 사리게나쿠〉를 틀린 일본어로 따라 부를 정도로 음성적으로 유행했고, 1988년 서울올림픽과 맞물려 아이돌 걸그룹 소녀대가 아예 〈코리아〉라는 제목의 노래를 발표하면서 한국에 본격적으로 유입됐다. 당시 선진화된 일본 음악은 암묵적으로 우리에게 동경의 대상이었다. 일본 가요 표절 시비에 휘말린 한국 가수가 한둘이 아닐 정도로 그들을 모방하고자 했다. 주류 상업 장르가 아닌 헤비메탈 밴드도 일본이 훨씬 많았다. 그러나 지금은 우리 가수들이 일본 시장을 석권하고 있다. K-pop이 일본 차트 1위를 차지하기도 하고 일본이 K-pop 업계의 핵심 시장으로 자리 잡았다. 마치 일본 경제가 왕성하게 성장한 후에 장기 침체로 들어서며 우리 경제가 성장했듯이 음악도 우리가 추월한 셈이 됐다. 경제든 음악이든 영원한 1위는 쉽지 않은 것 같다.

5. 창조력 확산과 스승의 역할

생산요소는 크게 노동, 자본, 기술로 나눌 수 있다. 노동과 자본은 공장에서 일하는 노동자와 장비를 떠올리면 되는데, 기술은 지식, 정보, 교육, 인프라, 노동자의 사기, 문화, 기후 등 생산요소 중 노동과 자본을 제외한 모든 무형의 요소를 의미한다. 기술이 진보한 국가(또는 기업)는 같은 양의 노동과 자본으로 다른 국가(또는 기업)보다 더 많이 생산할 수 있으므로, 기술은 곧 생산성의 척도다. 그래서 기술을 총요소 생산성(total factor productivity)이라 부르기도 한다. 기술은 생산에 영향을 미치는 무형의 생산요소를 통칭한다.

생산성을 개선하는 지식, 정보, 아이디어가 신속하고 정확하게 확산될수록 경제 성장이 촉진되므로, 기술 확산은 경제학자들의 주요한 관심사다. 덴마크의 한 경제학자는 작곡가 통계를 이용하여 스승이 지식 파급의 중요한 역할을 한다는 것을 밝혀내었다.[105] 이 경제학자는 우리에게 익숙한 음악가들이 직간접적으로 연결되어 있었다는 점에 착안하여 14~20세기 유럽 작곡가 350명의 사제관계를 분석했다. 예를 들어 비발디는 요한 세바스챤 바흐에게 가르침을 주었고, 요한 세바스챤 바흐의 아들인 요한 크리스챤 바흐는 모차르트를 가르쳤다. 베토벤은 하이든의 학생이었고, 드뷔시는 바르톡의 스승이었다.

유능한 스승은 우수한 제자를 배출하는 것이 당연한 것처럼 보이지만, 교육효과는 평범한 학생이 교육을 통해 우수한 학생으로 성장하는 현상이므로 이것을 과학적으로 식별하는 것은 어려운 작업이다. 왜냐하면 유능한 선생은 선천적으로 우수한 학생만 선별하여 가르치거나, 우수한 학

---

[105] Borowiecki, K. J. (2022), Good Reverberations? Teacher Influence in Music Composition since 1450 Journal of Political Economy, 130(4), 991-1090.

생이 유능한 스승을 선택할 수 있기 때문에, 유능한 선생이 평범한 학생을 우수한 학생으로 육성하는 효과를 자료에서 확인하는 것이 쉽지 않기 때문이다. 바흐와 모차르트, 하이든과 베토벤, 드뷔시와 바르톡이 사제지간이라는 것만으로 유능한 음악가가 교육을 통해 유능한 음악가를 배출한다고 속단하기 쉽다. 하지만 모차르트, 베토벤, 바르톡은 입문할 때부터 이미 우수했기 때문에 평범한 스승을 만났어도 역사적인 업적을 남겼을 가능성이 있다.[106]

이 연구는 이런 난제를 극복하고자 작곡가 업적의 인용 횟수에 근거한 Murray 지수, 작곡가 전기(biography)의 글자 수를 측정한 Grove 지수, 스트리밍 팔로우어와 인기도 등을 음악가들의 업적을 가늠하는 척도로 활용했는데, 스승과 제자의 업적 척도 비교뿐만 아니라 스승의 음악과 제자의 음악의 유사도까지 측정하였다. 측정 결과, 스승의 음악적 스타일이 제자에게 상당한 영향을 주는 것으로 나타났고 그 효과는 3세대(제자의 제자)까지 지속되었다. 또 제자가 음악적 완성도가 높은 스승의 음악을 모방할수록 제자의 커리어 성공 확률도 높았다. 반면, 제자가 낮은 수준의 스승의 음악을 모방하게 되면 그 제자의 성공 확률은 낮았다.

이 연구는 교수자의 우수성이 지식 확산에 중요한 역할을 하며, 롤모델(role model) 결정은 학생에게 매우 중요한 선택임을 밝혀냈다. 이 연구의 또 다른 시사점은 성공을 위해 우수한 스승이 필요할 뿐만 아니라 스승의 음악을 적극적으로 모방해야 한다는 것이다. 아리스토텔레스는 "모방은 창조의 어머니"라는 말을 남겼다. 좋은 스승을 만나 적극적으로 배우려는 태도는 비단 예술뿐 아니라 다른 분야에서도 성공을 위한 필요조건이다.[107]

---

[106] 사회현상을 분석할 때 이런 난제들이 자주 발생하기 때문에 경제학자들은 상관관계(correlation)와 인과관계(causality) 구별을 중요하게 생각한다.
[107] 이 연구에서 언급된 '모방'은 어떤 것을 그대로 베낀다는 의미보다는 그를 재현해보는 의미로 쓰였을 것이다.

교육의 중요성을 부정하거나 폄훼하는 사람은 없을 것이다. 그러나 이 연구는 교육제도가 지식 확산 효과를 발휘하기 위해서는 인재들이 교육자가 될 수 있는 유인구조를 만들어야 한다는 점을 시사한다. 세계무대에서 중견 국가로 불리기 시작한 우리나라의 위상에 비해 대학 교육에 매우 초라한 자원을 투자하는 우리 현실이 아쉬운 대목이다.

6. 내슈빌에서 뉴욕으로

대중음악의 메카를 꼽으라면 사람들은 흔히 블루스와 컨트리의 고향인 미국 테네시주 내슈빌이나 멤피스를 떠올린다. 엘비스 프레슬리가 '멤피스의 엘비스로부터'라는 앨범을 냈을 정도로 멤피스는 대중음악을 상징하는 도시이다. 재즈의 본고장은 루이지애나주 뉴올리언스라고 알려져 있다. 이들 도시는 한때 레코딩 스튜디오, 제작사, 기획사, 공연장, 음악학교, 뮤지션으로 넘쳐났다. 미국의 남부 도시들이 음악 메카가 된 이유는 노예해방 이전에 블루스와 재즈에 영향을 준 흑인 인구가 남부에 많았기 때문으로 추정된다.

한 연구에 따르면 지난 몇십 년간 음악 산업 지형에는 중요한 변화가 있었다.[108] 뉴욕, 로스엔젤레스 등 기존 대도시들이 음악 산업의 중심으로 부상한 것이다. 그 이유는 단순히 이들이 대도시였기 때문이다. 이 연구는 음악 인구와 산업 규모가 도시 소득, 인구, 타 예술산업의 규모 등과 상관관계를 가진다는 사실을 발견했다. 언뜻 보면 당연한 결과 같지만, 이 현상은 도시화(urbanization)의 중요성에 대한 유용한 단서를 제공한다.

---

[108] Florida, R., Mellander, C., & Stolarick, K. (2010), Music scenes to music clusters: The economic geography of music in the US, 1970-2000, Environment and Planning A, 42(4), 785-804.

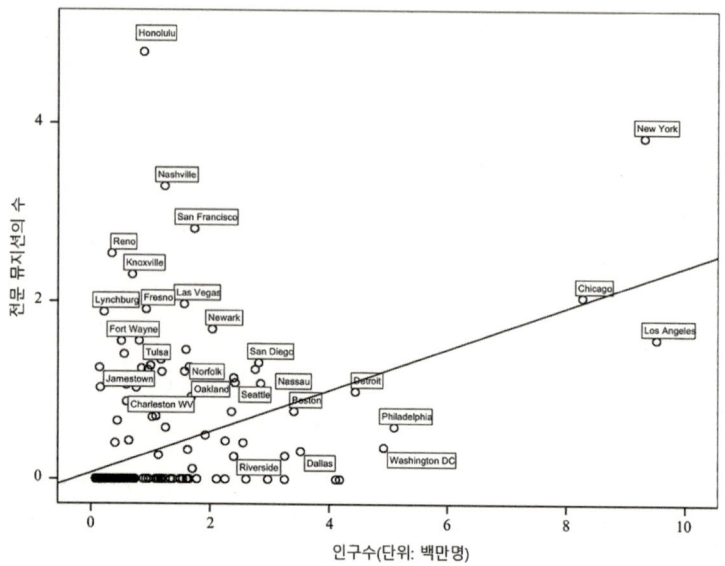

[그림 27] 미국 도시별 인구 수와 전문 뮤지션의 수 (출처: Florida, R., Mellander, C., & Stolarick, K. (2010). Music scenes to music clusters: The economic geography of music in the US, 1970-2000. Environment and Planning A, 42(4), 785-804, 저자 가공)

쉽게 말하면, 음악 산업이 도시를 만드는 게 아니고 도시가 있어야 음악 산업이 따라간다는 뜻이다.

이 연구는 도시화의 장점으로 두 가지를 제시했다. '규모의 경제'와 타 예술 산업과의 연계성인 '범위의 경제'이다. 대도시는 음악 수요가 크고 음악 제작에 필요한 재화와 서비스의 조달 비용이 낮다. 서울에서는 드럼 연주자를 구하기 위해 SNS에 한 줄 광고만 올리면 되지만 시골 마을에서는 입소문에 의존해야 한다. 범위의 경제는 음악이 다른 예술 분야에 사용되어 생산 효율성이 발생하는 현상이다. 대도시에는 음악이 댄스음악, 종교음악, 라디오 음악, TV방송 음악, 광고음악 등 연관 분야의 부재료로 쓰일 가능성이 크다. 18~19세기 비엔나가 클래식 음악의 성지였던 이유도 당시 비엔나가 유럽에서 가장 융성한 도시 중 하나였기 때문일 것이다.

도시화는 경제학자들이 오랫동안 관심을 가졌던 현상이다. 통신·운송기술의 발전과 글로벌화의 가속화로 국가, 기업, 개인 간 거리가 좁혀지는 상황에서는 기업들이 특정 지역에 몰릴 이유가 없다. 하지만 바이오, 하드웨어, 소프트웨어 기업들은 특정 지역에 부존하는 천연 자원이나 물리적 자본에 의존할 필요가 없음에도 지역적으로 '군집화(clustering)'하는 현상이 자주 일어난다. 경영전략의 권위자인 마이클 포터 하버드대 경영학 교수는 이를 '위치의 역설'이라고 불렀는데 네트워크, 공급망, 시장의 접근성 등의 이유로 군집화가 일어난다고 지적하였다. 이는 경제학의 외부효과로 설명할 수 있다. 첨단기술 산업에서는 기술인력의 인적자본이 중요한 생산요소이며 기술인력들이 아이디어를 교류할 때 혁신이 일어난다. 애플, 알파벳(구글), 마이크로소프트 등의 테크기업들이 실리콘 밸리에 밀집된 이유도 이 때문이다. 애플의 프로그래머와 구글 프로그래머가 점심시간에 샌드위치를 먹으며 잡담을 하다 혁신적인 아이디어가 나올 수도 있는 것이다.

이런 장점을 가진 도시화는 어떻게 일어날까? 가장 중요한 요인은 인프라와 사회제도 구축인데, 이는 매우 복잡한 과정을 포함한다. 사람들이 모이려면 대규모 도로를 건설하기 위한 초기비용이 필요하고 이를 뒷받침할 수 있는 정치적 합의가 선제 되어야 한다. 또한 혁신이 일어날 수 있는 자유로운 경쟁, 법치주의, 지적 재산권 보호, 치안 등의 사회제도가 갖춰져야 한다.

도시는 많은 사람이 대규모로 거주하고 거래할 수 있는 일종의 '플랫폼(platform)'이다. 2018년 노벨 경제학상을 수상한 폴 로머 뉴욕대 교수는 경제 발전의 수단으로 도시화가 역할을 할 수 있다고 주장하며 '차터시티(charter city)' 건설을 제안하기도 했다. 차터시티란 한 국가의 법률이나 제도에 의해 지배받지 않고, 도시 자체 헌장에만 구속되어 독립적으로 운용될 수 있는 도시다. 매년 수많은 남미인이 목숨을 걸고 미국 국경을 넘는다. 개발도상국의 노동자가 선진국으로 이주할 경우, 본국에 비해 수 십 배의 임금을 받을 수 있기 때문이다. 로머 교수의 제안은 개발도상국 영토에 독립 도시를 건설하여 선진국의 사회제도를 설립하고 해당 국가 정부가 아닌 제3자가 운용하게 만들자는 것이다. 비슷한 예로 중국의 홍콩, 선전 등을 생각할 수 있다. 두 도시는 사회주의 국가인 중국의 영토지만 본국과 다른 제도를 도입하여 중국의 경제 발전을 이끌었다. 실제로 로머 교수는 온두라스 정부의 자문 요청을 받고 차터시티 건설을 위해 노력하였는데, 온두라스의 정치적 상황 때문에 아직 구체적인 성과를 내지 못하고 있다.

소득 격차는 사회 안정을 위협하므로 당연히 해결되어야 하는 문제다. 그러나 국가 간 지역 간 소득 격차를 좁히기 위해 의료품, 교육시설, 인프라 건설 원조 등 여러 정책이 동원되고 있음에도 소득 격차는 크게 감소하지 못했다. 소득이 높은 국가가 소득이 낮은 국가에게 원조를 제공하는 것보다 효과적인 방법은 소득이 낮은 국가가 경제 발전을 할 수 있는 여건을 마련하도록 돕는 것이다. 그런 의미에서 차터시티는 생각해볼 만하다.

7. 법정 음악 저작권료가 물가만큼 오르지 않는다면?

현재 미국의 경우 법정 음악 저작권료는 트랙 당 9.1 센트(또는 재생 분당 1.75 센트)다. 이 금액은 스트리밍 서비스가 특정 음원을 재생할 때 지불해야 하는 가격인데, 복잡한 과정과 중간 사업자를 거쳐 그 일부가 원작자의 호주머니로 들어간다. 정확하게 계산하기는 어렵지만 우리나라에서도 벅스 뮤직 같은 스트리밍 서비스를 통해 음악이 전송될 때 전송 매출액의 10.5% 또는 곡당 0.7 원 정도가 징수된다.

저작권료를 어떻게 계산하든 원작자의 수익을 결정하는 요인은 재생 횟수(수량)와 저작권요율(가격), 이 두 가지다. 원작자의 수익이 증가하려면 시장에서 음악이 흥행하여 재생 횟수가 늘거나, 저작권요율이 올라야 한다. 그러나 수요·공급의 영향을 받는 보통의 재화와 서비스 가격과 달리, 저작권요율은 정부 정책에 따라 결정되기 때문에 경직적으로 움직인다.

저작권요율은 시간이 지날수록 장기적으로 오를까? 미국의 경우 저작권요율이 물가상승률만큼 오르지 못해 원작자들이 경제적 피해를 보았다고 주장하는 연구가 발표된 적이 있다.[109] 이 주장의 핵심은 원작자들의 경제적 이익에서 '명목'과 '실질'의 차이를 구분하는 데에 있다. 경제적 후생은 명목이 아닌 실질로 측정한다. 근로자를 예로 든다면, 물가가 오른 만큼 임금이 오르지 않을 경우, 기존 임금으로는 재화와 서비스를 예전만큼 살 수 없기 때문에 근로자는 실제로 가난해지게 된다. 급여계좌에 나타나는 임금은 화폐 가치로 측정되므로 명목변수이다. 임금으로 재화와 서비스를 얼마나 소비할 수 있는지를 확인하기 위해 임금을 물가로 나누면 실질임금이 된다. 실질임금이야말로 진정한 후생의 지표다. 그래서 대개 근로자와 기업 간 고용계약은 임금을 정기적으로 물가상승률만큼 올리는 조건으로 체결된다.

미국의 음원 역사는 1877년 토머스 에디슨이 축음기를 발명하여 〈Mary Had a Little Lamb〉라는 노래를 녹음한 사건으로 시작되었다. 그 당시 저작권을 인정했던 유럽과 달리 미국에서는 음원에 대한 권리를 법으로 인정하지 않았다. 1909년이 되어서야 저작권법을 제정하여 2 센트의 법정 저작권요율을 명시화하였다. 그러나 이마저도 원작자의 경제적 권리를

---

109 Alhadeff, P., & McChrystal, C. (2011). Inflation and US music mechanicals, 1976–2010, Global Business and Economics Review, 13(1), 1.

[사진 43] 피아노 롤 (출처: 위키피디아)

보장하기보다는 막 형성되기 시작한 피아노 롤(태엽으로 작동하는 자동 피아노) 시장에 진입하는 기업들이 독점력을 발휘하는 것을 막기 위한 가격통제 조치였다. 이 때문에 1976년까지 70년 동안 저작권요율은 오르지 않았다.

이후 2009년까지 저작권요율은 9.1 센트까지 올랐지만, 인플레이션을 반영한 요율은 오히려 14%가 감소했다고 한다. 2009년 원작자들이 9.1 센트를 저작권료로 받아도 1976년에 비하면 7.8 센트(9.1 센트의 86%)만 받는 셈이다. 2009년에 음원을 출시한 원작자에게는 피해가 없겠지만 1976년부터 저작권료를 받는 원작자의 2009년 소득은 실질 가치로 따지면 14% 감소한 것이다. 유명 뮤지션들이 천문학적인 저작권 수익을 올리는 것을 감안한다면 14%는 매우 큰 금액이다. 그리고 이것은 뮤지션들만의 문제는 아니다. 실질과 명목의 차이는 저작권료뿐만 아니라 임금, 이자소득, 부동산이나 주식의 가격이 올라 발생하는 시세차익 등 화폐가치로 측정할 수 있는 모든 소득에 적용되므로 반드시 실질 가치로 소득을 평가해야 한다.

인플레이션의 사회적 비용

인플레이션은 재화와 서비스의 전반적인 물가상승 현상이다. 총수요가 증가하면 물가도 상승하게 된다. 가계와 기업이 지출을 늘리면 재화와 서비스 가격도 올라가는 것이 당연한 이치이며 경제가 성장하거나 경기가 회복되면서 나타나는 자연스러운 과정이다. 총공급 측면에서 보면 물가는 생산비용에 따라 변화한다.

그러나 물가의 가장 강력한 통제변수는 중앙은행의 화폐공급과 금리라는 것이 전통적 견해다. 왜냐하면 가계나 기업이 돈을 얼마나 쉽게 확보할 수 있는지에 따라 물가가 변하기 때문이다. 화폐 자체는 종이나 금속 덩어리일 뿐 아무 가치가 없다. 재화나 서비스, 즉 실물을 살 때 교환의 수단으로 기능하기 때문에 가치가 있는 것이다. 따라서 시중에 통화량이 늘어나면 화폐는 실물보다 가치가 떨어진다. 늘어난 만큼 흔해지기 때문이다. 반대로 실물 가격은 화폐 대비 증가세를 보인다. 실물의 경제적 가치가 오르는 것이 아니라 화폐에 대비하여 오른다는 의미다. 예를 들어 통화량이 늘면 빵 한 조각의 경제적 가치는 변함이 없지만, 화폐가 흔해져서 사람들이 더 많은 화폐를 지불하고 빵을 구입하게 된다. 이는 화폐 가치가 떨어지자 사람들이 화폐를 실물로 바꾸려고 하면서 실물 가격이 오르는 것으로 해석할 수도 있다.

과도한 인플레이션은 여러 가지 사회적 비용을 초래한다. 예를 들어 물가가 빨리 오르면 생산자들이 가격표를 바꾸는 데 드는 '메뉴비용'이 발생한다. 또 물가가 오르는 상황에서는 화폐보다 실물을 보유하는 것이 유리하므로 사람들이 화폐를 실물로 바꿀 때 지불하는 거래비용이 발생한다. '상대가격 왜곡'이라는 부작용도 발생한다. 모든 재화와 서비스가 응당한 가치로 거래될 때 경제의 효율성이 달성되는데, 물가가 오르면 생산원가 상승에 맞춰 가격을 올리는 생산자가 있는가 하면 즉시 올리지 못하는 생산자도 있게 된다. 가격을 올려 파는 생산자는 가격을 올리지 않은 생산자보다 비싸게 팔게 되므로 매출이 줄고, 가격을 올리지 않은 생산자도 원가 부담으로 손해를 보게 된다. 이런 비효율로 인해 경제 전체의 후생이 감소한다. 따라서 세계 각국의 중앙은행은 물가상승 통제를 가장 중요한 목표로 두고 통화정책을 운용한다.

소비자물가지수

모든 가계 소비 품목에 대하여 각각의 품목 매출에 가격 가중치를 곱해 총합한 지표로, 가계 소비재의 전체적인 물가를 나타내는 지표이다. 대부분 국가에서 소비자물가지수를 '라스파이레스식(Laspeyres)'으로 산출하는데, 이는 기준 시점의 물가지수를 100으로 놓고 그에 대한 비교 시점의 물가를 상대적 크기로 나타내는 방법이다.

명목 임금(이자율)과 실질 임금(이자율)

명목 임금 – 명목 임금이란 우리가 돈으로 받는 월급 그 자체를 말한다. 물가 수준의 고려 없이 노동의 대가로 받은 실제 액수를 바로 명목 임금이라고 할 수 있다.

실질 임금 – 실질 임금은 명목 임금에 물가 수준에 대한 고려를 더한 것이다.

명목 이자율 – 물가 수준이 반영되지 않은 액면 그대로의 이자율을 뜻한다. 대표적인 명목 이자율로는 시중 은행의 이자율이 있다.

실질 이자율 – 명목 이자율에 물가 수준을 반영한 이자율이다. 명목 이자율에서 물가상승률인 인플레이션율을 뺀 값이 실질 이자율이다.

chapter 06

예술 노동 시장

1. 어떤 예술인의 실업률이 낮을까?

    2016년에 뮤지션을 포함한 예술 노동 시장 전체를 분석한 연구 결과가 발표됐다.[110] 이 연구는 호주의 음악, 문학, 댄스, 미술, 공예, 연기 등의 분야에 종사하는 약 천 명의 예술 종사자를 대상으로 한 설문조사 자료를 분석했다. 설문에는 '지난 5년간 한 번이라도 교육이나 훈련이 아닌 이유로 실업을 경험한 적이 있습니까?'라는 질문이 포함되었다. '교육이나 훈련이 아닌 이유'를 명시한 것은 자발적 실업은 실업에 해당하지 않음을 분명히 하기 위함이다. 노동자가 구직 중에 직업을 찾지 못하고 있다면 실업 상태에 있다고 말할 수 있지만, 단순히 급여나 근무 조건이 만족스럽지 않아 자발적으로 일을 중단한 경우는 배제해야 하기 때문이다. 특히 이 연구는 실업에 영향을 주는 몇 가지 요인들을 밝혀냈다는 점에

---

[110] Zawadzki, K. (2016), Unemployment of professional artists: empirical evidence from Australia, Australian Journal of Social Issues, 51(1), 67−88.

서 흥미롭다. 예를 들어 예술 종사자가 정규 예술교육을 받은 경우 그렇지 않은 경우보다 실업에 빠질 확률이 약 40%가 낮았다. 이는 독학이나 취미만으로는 예술 노동시장에서 살아남기 어렵다는 뜻이다. 또 30세 이상 종사자들의 실업률이 낮아 경력이 중요한 것으로 나타났으며, 학력도 실업 확률을 낮추는 요인이지만 나이만큼 중요성이 높지 않아, 예술시장에서 연륜이 우선하는 것으로 보인다. 배우자가 있는 경우에도 실업 확률이 낮았는데, 이는 실업 확률이 낮은 종사자들이 배우자를 가질 확률이 더 크다고 해석하는 것이 적절할 듯하다.

직종별로 보면, 연기자와 감독의 실업 확률이 가장 크다고 한다. 작가와 화가도 장기 실업에 빠질 확률이 높은 것으로 확인됐다. 반면, 뮤지션과 공예가가 실업에 빠질 확률이 가장 낮아, 음악과 공예 분야의 직업적 안정성이 상대적으로 높은 것으로 드러났다. 음악과 공예품의 상품성이 돋보이는 대목이다. 성별은 실업 확률에 영향을 주지 않는 것으로 나타나 예술시장에서 성별에 따른 차별은 입증되지 않았다.

어떤 분야에 재능이 있다면 그것 자체로 행복한 일이다. 그런데 재능은 타고나기도 하지만 우리 선택에 따라 인생의 경로는 많이 달라진다. 예술가를 꿈꾸는 사람들에게 유용한 정보가 되길 바란다.

노동 수요·공급

노동시장은 우리 경제의 수많은 시장 중 하나일 뿐이다. 그런데도 경제학자들이 노동시장에 관한 연구를 '노동경제학'이라는 전문 분야로 칭하는 이유는 노동시장이 그만큼 중요하기 때문이다. 임금이 어떻게 결정되는지, 실업률은 어떤 조건에서 오르는지, 복지정책이 근로 의욕을 저해하는지, 이민자의 유입이 임금을 낮추는지 등등. 노동경제학자들은 이렇게 우리 삶과 직결된 질문의 답을 구하기 위해 노동 시장을 연구한다.

우리는 책 초반부에 수요·공급 곡선을 배웠으므로 노동 시장을 분석하고 싶다면 역시 [그림 28]처럼 노동 수요·공급 곡선으로 시작하면 된다. x축에는 노동시간이나 근로자 수로 측정된 '고용량'을 위치시키고, y축에는 노동의 가격인 '임금'을 놓는다. 노동수요 곡선은 우하향하게 그려지며, 노동의 수요자인 기업이 근로자를 고용할수록 지불할 용의가 있는 임금은 낮아진다고 해석한다. 그 이유는 '한계생산체감' 때문이다. 증산을 위해 자본은 늘리지 않은 채 노동자를 고용할수록 추가 고용된 노동자의 생산성은 기존 노동자에 비해 낮아진다. 기업은 노동의 생산성만큼 임금을 지불할 용의가 있으므로 노동수요 곡선도 감소하는 생산성에 따라 우하향하는 것이다.

노동공급 곡선은 일반적으로 우상향하는데, 임금이 높아질수록 노동자가 더 많은 노동을 공급하고자 한다는 원리를 도식화한 것이다. 물론, 이미 많은 노동시간을 공급하고 있는 노동자들의 경우 더 높은 임금을 제안

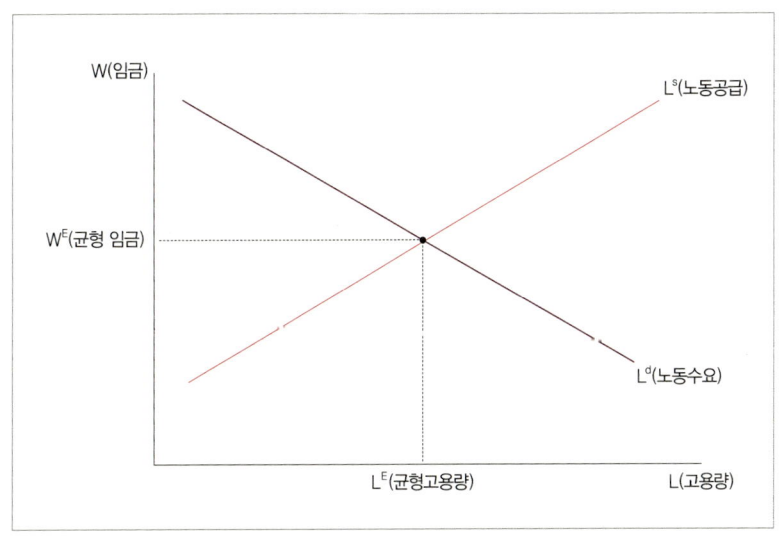

[그림 28] 노동 시장의 균형 (출처: 필요한 만큼 배우는 경제학, 저자 가공)

해도 노동공급을 줄일 수 있어서 '일반적'이라는 표현을 사용한다.

노동 수요·공급 곡선의 상호작용에 따라 고용(실업)과 임금이 결정된다. 예를 들어 기술 진보가 발생하면 고용(실업)이 증가(감소)하고 임금이 상승(하락)한다. 기술 진보로 타자기가 컴퓨터로 대체되면 노동자들의 생산성은 각 고용량 수준에서 상승한다. 이는 노동수요 곡선의 우측 이동으로 표현된다. 균형 임금과 고용은 증가하고 실업은 감소한다.

실업의 정의

실업이란 노동자가 노동할 의사를 가지고 구직 활동을 하고 있는 상태를 말한다. 일하고 있지 않은 노동자라 하더라도 일할 의사가 없거나 구직을 하고 있지 않다면 실업자가 아니다.

쉬·어·가·기

실업 확률을 이긴 진 켈리

음원의 디지털화로 복제비용이 감소하면서 음원 출시만으로는 수익을 올리기가 어려워졌다. 뮤지션들은 이에 대응하여 노동 형태를 댄스, 연기, 광고·패션 모델, 쇼호스트, 제작 등으로 다각화하고 있다. 그런데 이미 1940~50년대에 만능 엔터테이너의 교본을 보여 준 가수가 있었다. 〈Singing in the Rain(사랑은 비를 타고)〉이라는 뮤지컬 곡으로 우리에게 익숙한 진 켈리다. 이 뮤지컬은 역사상 가장 유명한 뮤지컬 중 하나로 손꼽히며, 미국 하원 의회도서관은 이 작품을 국가영화기록관에 보존키로 결정하기도 했다. 진 켈리는 록이나 블루스 같은 특정 장르를 대표하는 뮤지션은 아니었지만 명실상부한 미국 뮤지컬계의 대스타였다. 뮤지컬은 노래, 댄스, 연기가 모두 필요한 장르로 어느 하나만 잘해서는 성공할 수 없는 분야다. 진 켈리는 다재다능했을 뿐만 아니라 나중에는 영화 제작에도 참여했다. 영화 '사랑은 비를 타고'는 본인이 직접 감독으로 메가폰을 잡았으며 안무도 담당했다.

[사진 44] 진 켈리
(출처: 위키피디아)

재미있는 사실은 진 켈리가 피츠버그대 경제학과를 졸업했다는 것이다. 그때나 지금이나 경제학과 졸업자들이 로스쿨에 진학해서 기업 전문 변호사가 되는 경향이 강한데, 그도 역시 졸업 후 피츠버그대 로스쿨에 진학했다. 그러나 그는 대공황의 여파로 가족을 돕기 위해 클럽에서 댄서로 일하다가 끝내 로스쿨을 자퇴하고 전업댄서가 되었다. 실업 확률로 볼 때 변호사를 포기하고 댄서가 된 것은 무

[사진 45] 진 켈리가 감독하고 주연을 맡은 뮤지컬 영화 '사랑은 비를 타고'의 포스터 (출처: 위키피디아)

모한 선택이지만 진 켈리는 재능으로 실업 확률을 이긴 셈이다. 그가 변호사가 됐으면 법정에 앉아 지루함을 달래지 못해 책상 밑에서 스텝을 밟고 있지 않았을까? 상상만 해도 재미있는 모습이다.

2. 예술과 인종 불평등

예술 활동과 경제 성장 간에 인과관계가 있을까? 경제가 성장함에 따라 사람들의 소득이 증가해 예술 활동을 활발히 할 수도 있고, 반대로 예술이 활성화되면 창조성의 외부효과에 힘입어 혁신이 일어나고 거래가 활발해져 경제가 성장할 수 있다. 미국에서 1850년부터 수집된 장기 자료를 분석한 한 연구는 예술인 인구분포와 창업 활동 간에 양(+)의 상관관계가 있다는 것을 발견했다. 이 결과는 예술 활동이 경제 성장의 추진력으로 작동할 수 있다는 점을 시사한다.[111] [그림 29]는 미국 도시의 예

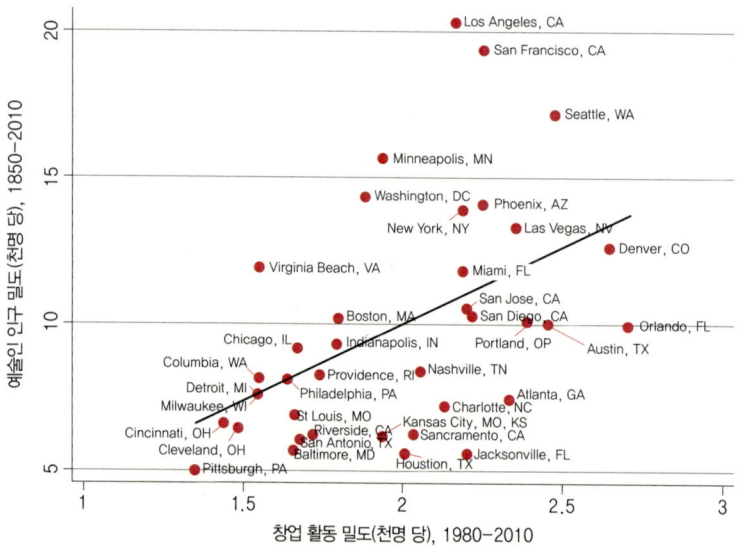

[그림 29] 도시 별 예술인구 밀도와 창업 활동 (출처: Borowiecki, K. J., & Dahl, C. M. (2021), What makes an artist? The evolution and clustering of creative activity in the US since 1850. Regional Science and Urban Economics, 86, 103614, 저자 가공)

---

111 Borowiecki, K. J., & Dahl, C. M. (2021), What makes an artist? The evolution

술인 인구 밀도와 창업 활동 밀도 간 상관관계를 보여준다. 창업이 활발한 서부 도시인 로스엔젤레스, 샌프란시스코, 시애틀 등에서 예술인 인구 밀도가 높게 나타나는 반면, 창업이 활발하지 않은 도시의 인구 밀도는 낮은 것을 볼 수 있다.

이 연구는 예술인 인구에 인종 불균형이 존재한다는 사실도 밝혀냈다. [그림 30]의 짙은 실선은 비예술 분야 종사자의 백인 인구 비중으로 1850년에는 1(100%)에 가깝다가 시간이 갈수록 급감한다. 비예술 분야에서 백인 인구 비중이 감소했다는 것은 흑인을 비롯한 소수 인종의 비중이 상대적으로 높아졌다는 뜻이다. 그러나 미술, 음악, 문학, 연기 등 예술 분야

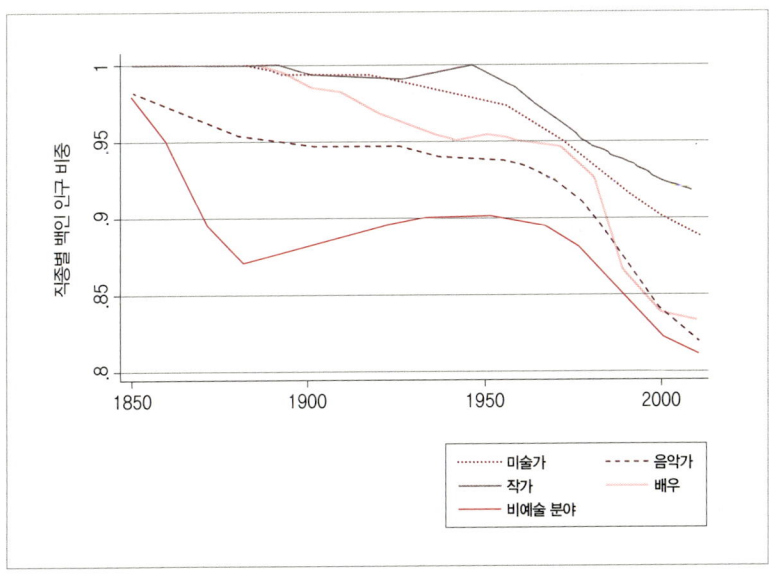

[그림 30] 직종별 백인 인구 비중의 변화 (출처: Borowiecki, K. J., & Dahl, C. M. (2021). What makes an artist? The evolution and clustering of creative activity in the US since 1850. Regional Science and Urban Economics, 86, 103614, 저자 가공)

에서는 백인 비중이 1950~1960년대까지 여전히 높았다. 그나마 음악 분야에서 백인 비중이 가장 낮아, 음악 노동 시장의 인종 다양성이 상대적으로 높은 것으로 나타났다.

이 연구에 따르면 흑인 노동자가 예술 직종을 선택할 확률이 비흑인보다 55% 낮다고 한다. 흑인 인구의 예술 노동 시장 참여가 저조하다는 뜻인데, 이는 흑인 가구의 소득과 교육 수준이 백인보다 낮기 때문으로 추측된다. 소득과 교육 수준이 낮으면 예술에 노출되거나 교육을 받을 기회가 상대적으로 부족할 수밖에 없다.

예술 활동 참여에 소득과 교육 수준이 큰 영향을 미친다는 점을 감안하더라도, 예술 시장에 인종 다양성이 낮다면 이는 문화적으로 불행한 일이자 경제적으로도 사회 자원의 비효율일 수 있다. 세대 간, 인종 간 이동(mobility)이 활발해야 경제가 원활하게 성장하기 때문이다. 기회균등, 이념과 가치를 떠나 먹고 사는 문제를 위해 중요한 목표다.

3. 동료효과를 노리자

'동료효과(peer effect)'는 동료들의 행동과 사고방식의 영향으로 개인의 생각과 행동이 변하는 현상을 말한다. 경제학적으로 동료효과는 일종의 외부효과다. 부정적 동료효과의 예는 초범 재소자가 교도소에서 만난 재소자들의 영향으로 재범률이 높아지는 경우다.

작곡가 간 긍정적 외부효과가 있다면, 음악적 교류가 혁신적인 아이디어로 이어질 때 발생하지 않을까? 이 직관을 실증적으로 검증한 논문이 발표된 적이 있다.[112] 이 논문은 1700~1800년대 유럽과 미국에서 활동한

---

112 Borowiecki, K. J. (2013), Geographic clustering and productivity: An instrumental

작곡가들의 업적을 중심으로 동료들과 지리적으로 군집(cluster)된 정도를 분석했다. 지리적 군집지로 파리, 런던, 비엔나, 뉴욕, 프라하 등이 분석에 포함되었다. 연구결과는 근거리에 활동하는 작곡가들이 많을수록 동료효과가 크다는 직관에 부합했다. 또 작곡가가 군집지에 오래 머물수록 양질의 곡을 많이 작곡했다.

반면, 동료 그룹의 크기가 일정 수준보다 커지면 오히려 양질의 작품 수가 줄어들었다. 이에 대해 논문은 도시가 커질수록 긍정적 동료효과가 발생하지만, 규모가 과도해지면 작곡가 인구의 과밀이 발생하여 생산성이 떨어진다고 주장하였다. 예를 들어 파리는 적정한 규모를 가진 도시여서 오랫동안 유명 음악가들이 드나들었지만, 런던과 비엔나는 규모가 너무 컸기 때문에 음악 도시로서 명성이 유지되지 못했다고 설명했다.

고등학생들이 명문대에 진학하고 창업자들이 실리콘 밸리로 향하는 것은 외부효과 때문이다. 그런데 세계적인 명문대들이 초대형 대학은 아니다. 하버드만 해도 학생 수가 불과 약 3만 명으로 미국 인구에 비교하면 소형 대학이다. 실리콘 밸리도 인구 3~4백만 도시로 서울의 3분의 1 규모다. 외부효과 발생의 원인으로 무턱대고 크기만을 고려할 것은 아닌 것 같다.

4. 모차르트는 행복했을까?

노동자의 심리 상태가 생산성에 밀접한 영향을 미친다는 사실은 이미 알려진 바다. 그렇다면 긍정적 감정과 부정적 감정 중 어떤 것이 창조력을 자극할까? 이 관계를 찾아내는 작업은 전통적으로 심리학자들의 영역

---

variable approach for classical composers, Journal of Urban Economics, 73(1), 94–110.

이였으나 경제학자들도 여기에 관심을 두기 시작했다.

일례로 덴마크의 한 경제학자는 모차르트, 베토벤, 리스트가 지인에게 쓴 1,400여 통의 편지를 분석하여 세 작곡가가 생전(1700~1800년대) 서신에 표현했던 행복, 분노, 우울 등의 감정을 발생시킨 사건들을 찾아내었다.[113] 그런데 이 사건 중 특히 예상치 못한 가족의 죽음과 같이 부정적 감정을 발생시킨 사건들과 양질의 작품 수 간 통계적으로 유의미한 관계가 있었다. 즉, 부정적인 감정이 창조력을 강화한다는 것이다. 부정적 감정이 사람을 집중하고 몰입하게 만든다는 심리학 연구가 발표된 적이 있는데, 수백 년 전 역작을 남긴 예술가들에게도 동일한 현상이 나타나 부정적 감정이 창조력의 원동력이라는 주장은 더욱 설득력을 얻었다.

또 이 연구는 직업적 안정성이 오히려 생산성에 악영향을 미친다는 것을 발견하고, 직업적 안정성이 보장되면 목적의식이 상실돼 창조성이 발휘되지 않는다고 설명했다. 결혼이나 동거도 창조력에 방해가 되었다고 한다. 반면, 이 연구는 작곡가들이 빼어난 작품을 집필하거나 연주 투어를 다니는 것이 긍정적 감정을 강화하고 부정적 감정을 약화시키는 요인이 되고 있음을 발견하여, 성취감도 정신 건강의 중요한 요소로 작용한다고 주장하였다. 인간의 노동 의식과 정신 건강의 관계는 역사를 초월하는 것 같다.

---

[113] Borowiecki, K. J. (2017), How are you, my dearest mozart? well-being and creativity of three famous composers based on their letters, Review of Economics and Statistics, 99(4), 591-605.Borowiecki, K. J. (2017), How are you, my dearest mozart? well-being and creativity of three famous composers based on their letters, Review of Economics and Statistics, 99(4), 591-605.

chapter 07

음악 산업과 금융

1. 데이비드 보위 채권

'자산유동화(Asset Securitization)'란 환금성이 낮지만 재산적 가치가 있는 자산을 담보로 증권을 발행하여 금융시장에 유통하는 방법이다. 이는 유동화를 통해 부동산, 매출채권, 유가증권 등 다양한 재산권을 담보로 사용하여 자금을 조달하는 현대적 금융기법이다. 자산유동화는 음악 산업까지 침투했다. 영국의 대표적인 록 가수 데이비드 보위는 1970년대 자신의 앨범을 매니저와 공동소유하고 있다는 사실을 알게 된 후 오랫동안 무척 힘들어했다고 한다. 심지어 매니저와 공동소유한 음악의 저작권을 사기 위해 1997년 자신이 단독소유한 스물다섯 개 앨범의 저작권을 담보로 제공하고, 생명보험사인 푸르덴셜을 통해 연 이자율 7.9% 10년 만기 채권을 발행했다. 이 채권은 '보위 채권'이라고 불렸는데 당시 약 550억 원이 조달됐고 보위의 인기 때문인지 부도확률이 낮은 우량채권으로 평가됐다. 그러나 음악이 디지털화되고 음원 가격이 하락하면서 2004년에는 보위 채권의 신용등급이 정크본드 바로 윗단계까지 떨어졌다. 다행히

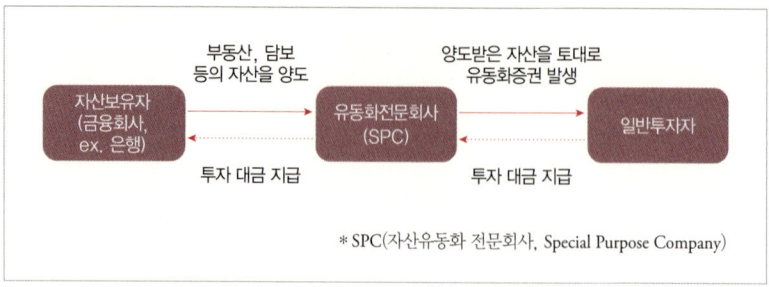

[그림 31] 자산유동화의 구조 (저자 작성)

부도까지 나지는 않았고 2007년 만기 청산되었다.

2019년에는 유럽 극작가 작곡가 협회(Society of European Stage Authors and Composers)가 아델, 닐 다이아몬드, 밥 딜런 등의 저작권 수입을 담보로 약 5000억 원을 조달했다. 모닝스타 등 메이저 신용평가사들은 이 채권을 우량채권에게 부여되는 'BBB등급'으로 평가했다. 우량채권은 곧 부도확률이 낮다는 의미인데 그만큼 아델, 밥 딜런, 닐 다이아몬드의 음원이 꾸준히 수익을 낼 거라고 본 것이다. 밥 딜런이 노랫말 작사에 대한 공헌으로 2016년 노벨문학상까지 받았으니 판매전망에 문학적 가치도 인정받은 것일까? 앞으로 어떤 뮤지션들이 유동화 대열에 참여할지 궁금하다.

주식과 채권

'주식'은 회사 소유권의 증서로 회사가 이익을 내면 이익을 청구할 수 있는 권리를 포함한다. 따라서 주가는 회사의 가치를 반영하는데, 기업환경이나 경영자의 능력 등에 따라 회사의 가치가 변하므로 주가의 변동성도 높다. '채권'은 이자 지급의 대가로 돈을 빌려주는 채무 관계의 증서이다. 단순히 채무자가 원금상환과 이자 지급 약속만 지키면 채무 관계가 해소되기 때문에 상대적으로 위험이 적고 채권의 가격 변동성도 낮다.

쉬·어·가·기

영국의 록 보컬 천재들(feat. 신해철)

록은 미국 흑인음악에서 유래한 블루스에 컨트리 같은 백인음악이 결합한 장르로 알려져 있다. 전설적인 블루스 뮤지션과 록 밴드들을 배출한 록 강국에 영국도 빠지지 않는다. 영국인들의 문화적 개방성, 흡입력, 유연성은 정말 본받을 만하다. 상업적으로 성공한 록밴드의 상당수는 독창적인 악기연주 리프를 곡의 도입부나 후렴구에 삽입해서 어필하는 인스트루멘틀(instrumental) 밴드다. 영국 밴드 딥 퍼플의 보컬인 이언 길런은 딥 퍼플이 기악 중심의 인스트루멘틀 밴드라고 공인했다. 그만큼 록 가수가 가창력을 앞세워 보컬 브랜드로 독자생존 하는 것이 어려운 일인 것 같다.

영국 출신의 데이비드 보위는 보컬로 성공한 대표적인 록 가수다. 엘튼 존, 조 코커, 필 콜린스 등도 비슷한 시기에 솔로 보컬로 유명해진 영국의 록 가수들이다. 보컬 브랜드화로 스타덤에 오른 밴드도 있다. 바로 '보헤미안 랩소디'라는 영화로 부활한 퀸이다. 이 영화는 동성애자였던 퀸의 리드 싱어 '프레디 머큐리'의 파란만장한 일대기와 퀸의 음악을 조화시켜 가슴 뭉클한 파장을 일으켰다.

고인이 된 프레디 머큐리와 데이비드 보위는 1981년 〈Under Pressure〉라는 곡을 듀엣으로 녹음했다. 재미있는 사실은 이 곡이 퀸과 보위의 즉흥적인 행동으로 만들어졌다는 것이다. 당시 퀸은 스위스 몽트뢰라는 도시에서 녹음 중이었는데 마침 보위도 몽트뢰에 머물고 있었다. 보위가 인사차 녹음실에 들리게 되고 모두 술을 마시기 시작했다. 이들은 술에 취해 재미로 크림(에릭 클랩튼이 활동했던 밴드) 등 옛날 밴드의 노래를 불렀고, 퀸의 베이시스트 존 디컨이 〈Under Pressure〉의 도입부 리프를 즉석에서 만들었다. 그러던 중

[사진 46] Sting
(출처: 위키피디아)

이들은 갑자기 허기가 졌는지 피자를 사 먹으러 나갔다고 한다. 녹음실로 돌아온 순간 존 디컨은 베이스 리프를 기억하지 못했고 한참 애를 쓴 후에 겨우 기억이 돌아와 곡을 완성하게 되었다. 이 곡은 빌보드 차트에 16주 동안 올랐다.

영화 '레옹'의 사운드 트랙 〈Shape of My Heart〉로 우리에게 친숙한 '스팅'도 영국 록 가수다. 그는 록, 팝, 레게, 재즈, 펑크 등 다양한 장르를 넘나들며 몽환적인 음색으로 수많은 히트곡을 남겼다. 스팅은 어린 나이부터 아버지를 도와 우유 배달을 했고, 20대에는 버스 안내원, 건설 현장 잡부 등 블루컬러로 살면서 밤이 되면 에릭 클랩튼의 크림 같은 유명 밴드의 공연을 보러 다녔다. 주경야음(音)의 인생이다. 환경보호, 인권운동 등에도 관심이 많아 거액의 기부금을 내기도 했다.

우리나라에서 상업적으로 성공한 보컬 록 밴드로는 故 신해철의 NEXT가 대표적이다. 그는 20대에 '무한궤도'라는 밴드를 결성해 대학가요제 대상을 받았다. 당시 대부분의 가요제 출신이 그랬듯이 그의 정규 솔로 커리어는 아이돌 스타로 시작되었다. 그러나 그의 음악적 뿌리는 록에 있었던 것 같다. 10대에 메탈리카를 듣고 록에 심취해서 음악을 시작했을 정도였으니 말이다. 신해철은 NEXT를 조직해서 록과 일렉트로니카 음악을 추구했다. 그는 음악성과 상업성 모두 갖춘 뮤지션으로 실험적이고 독창적인 음악 세계를 추구하여 '마왕'이라고 불렸을 만큼 강력한 팬덤이 있었다. 게다가 자신만의 철학과 소신을 뛰어난 언변으로 풀어내어 2002년 노무현 대선후보 지지, 간통죄 위헌 주장, 체벌 금지 법제화 등 사회적 논쟁에도 적극적으로 참여하는 소셜테이너(socialtainer)이기도 했다.

통화정책과 이자율 결정

보위 채권을 산 투자자는 만기까지 이자를 지급받게 된다. 이자율은 어떻게 결정될까? 이자는 돈을 빌려 쓰기 위해 치러야 하는 비용인데, 시장 이자율은 통화정책의 절대적인 영향을 받는다. 통화정책은 중앙은행이 물가안정과 경기 관리를 위해 화폐공급, 금리 등의 정책 도구를 이용하여 수행하는 일련의 조치다.

화폐수요는 [그림 32]처럼 이자율을 Y축에 통화량을 X축에 두고 우하향하는 곡선으로 표현된다. 화폐수요는 우리가 호주머니에 현금을 보유하고자 하는 용의로 생각하면 된다. 이자율이 높(낮)을수록 화폐수요는 낮(높)아진다. 예를 들어 이자율이 높으면 채권 같은 비화폐 자산을 보유해서 이자수익을 벌 수 있으므로 굳이 현금을 많이 보유할 필요가 없다. 반면, 화폐공급은 이자율과 무관하게 중앙은행이 정책목표에 따라 결정하므로 화폐공급 곡선은 수직선으로 표현된다.

시장 이자율은 화폐수요 곡선과 공급 곡선의 일치점에서 결정된다. 예를 들어 코로나 팬데믹으로 인한 경기 침체에 대응하기 위하여 우리나라의 중앙은행인 한국은행이 화폐 공급을 늘려 시장 이자율을 낮출 수 있다. 이는 화폐공급 곡선의 우측 이동으로 표현된다. 이와 별개로 중앙은행은 금리를 직접 조정하여 시장 이자율에 영향을 주기도 한다. 한국은행은 '은행의 은행'이라고 불리기도 하는데, 시중 은행은 지금이 부족할 때 한국은행에 돈을 빌리기도 한다. 한국은행은 이 자금거래에 적용하는 이

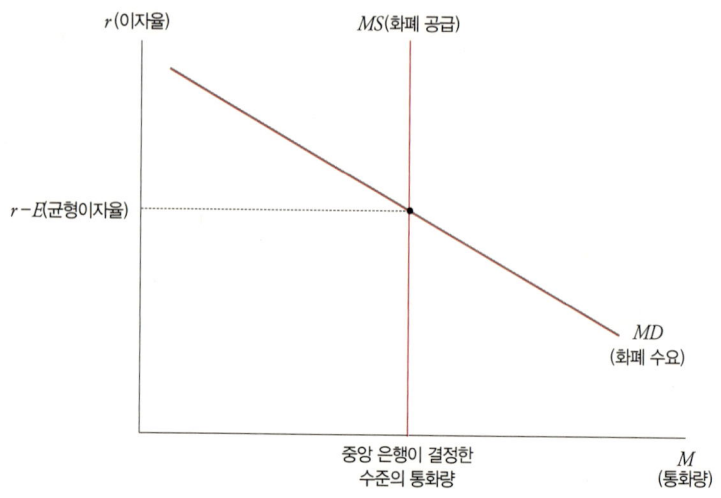

[그림 32] 화폐의 수요-공급 곡선 (출처: 필요한 만큼 배우는 경제학, 저자 가공)

자율(기준금리)을 정책적 목표에 따라 조정하여 시장 이자율을 통제한다. 한국은행이 시중 은행에 받는 기준금리를 올리면 시중 은행도 고객에게 적용하는 대출금리를 높일 수밖에 없으므로, 기준금리 조정은 시장 이자율에 영향을 주게 된다. 이외에도, 개별 채권의 이자율에 영향을 미치는 요인들은 돈을 빌려 간 사람(예: 데이빗 보위)의 신용, 빌려준 자금의 용처(예: 데이빗 보위의 음원 사업) 등이 있다.

2. 보위 채권만 있냐? 에미넘 주식도 있다.

기술발전으로 음원이 디지털화되면서 저작권 수익이 급격히 축소되었지만, 자본시장에는 재미있는 변화가 생겼다. 음원 저작권 투자의 접근성이 좋아지면서 다양한 사업 시도가 활발해진 것이다. 보위 채권이 거대 금융사를 통해 발행된 것과 달리, 개인이 인터넷에서 소규모 투자사를 통해 영화, 음악 저작권 등에 투자할 수 있게 됐다. 이른바 크라우드 펀딩이다. 예를 들어 미국의 로얄티 플로우라는 회사는 기업공개(initial public offering)와 주식발행으로 투자금을 끌어모아 래퍼 에미넘 음원의 부분(15%~20%) 저작권을 사들였다. 누구나 로얄티 플로우의 주식을 사면 에미넘 음악을 간접 소유하게 되는 셈이다. 로얄티 플로우 주식 가치는 에미넘 음원 판매가 얼마나 확대되느냐에 달려있는데, 로얄티 플로우는 인터넷 기술을 이용한 스트리밍 수익모델을 채택했다. 이는 IT 기술발전에 따라 Spotify, Pandora 등 스트리밍 서비스부터 아마존 에코처럼 저녁 식사 때 스트리밍 음악을 틀어주는 사물 인터넷까지 음원의 잠재 수익을 발굴하려는 시도로 보인다.

효율적 시장가설

주식을 증권시장에 상장하면 더 많은 투자자에게 알려지고 활발히 거래되므로 투자금을 조달하는데 유리하다. 투자자들은 상장된 주식을 거래하여 수익을 낸다. 로얄티 플로우도 자신들이 발행한 이른바 '에미넘 주식'을 나스닥에 상장할 계획이라고 밝혔다.

주식 매매로 수익을 내는 방법은 무엇일까? 직관적으로 싸게 사서 비싸게 팔아야 수익이 날 것이다. 싼 주식이란 저평가 된 주식이다. 예를 들어 1000주의 주식을 발행한 기업의 내재가치가 1000만 원이면 주식은 시장에서 1만 원(=₩10,000,000/1,000주)에 거래되어야 한다. 투자자들은 주식의 내재가치를 판단하기 위해 기업의 사업 내용, 경영자의 능력, 경제 환경 등 가용한 모든 정보를 취합하고 해석한다. 만약 9,000원에 거래되고 있다면 이 주식은 저평가된 상태이므로 매수해야 한다. 왜냐하면 다른 시장참여자들도 경쟁적으로 정보를 모색하기 때문에, 곧 이 주식이 저평가됐다는 것을 알게 되고 매수하기 시작하여 주가는 만원까지 상승하기 때문이다. 주가가 만원이 될 때 매도하고 수익을 창출하면 된다. 반대로 만 천 원에 거래되고 있다면 시장참여자들은 이 주식이 비싸다고 판단하고 매도하게 된다. 이렇게 주식 거래에서 정보 취합이 핵심적인 역할을 하는데 정보가 형성되자마자 순식간에 모든 시장참여자들에게 전달된다는 주장이 '효율적 시장가설'이다.

시장이 효율적이라는 말은 독점적 정보가 없다는 뜻이다. 정보가 형성되자마자 모든 사람이 정보를 동시에 취득한다. 따라서 주식 수요와 주가는 정보에 즉각적으로 반응한다. 낙관적인 정보가 퍼지는 즉시 주가는 오르고 비관적인 정보가 퍼지는 순간 주가는 내린다. 정보확산 속도가 선취매 할 여유를 주지 않을 정도로 빨라서 누구도 돈을 벌 수 없다.

효율적 시장가설의 시사점은 무엇일까? 첫째, 주식은 대체로 적정하게 평가되어 있으니 주식 선별을 위해 노력할 필요가 없다. 저평가된 종목을 찾으려는 노력은 시간 낭비일 뿐이다. 둘째, 수익을 내기 위한 유일한 방법은 위험 감수다. '고위험 고수익, 저위험 저수익'이라는 냉정한 원리만 통한다. 수십 년간 발표된 다수의 연구에 의하면 금융시장은 대체로 효율적인 것으로 나타났다. 독점적이고 배제적인 정보를 취득하기 어려우므로 돈을 벌기 어렵다는 말이다. 시장은 냉정하고 공정하다. 나에게 온 정보는 이미 많은 사람이 알고 있을 가능성이 크다. 무엇보다 위험 없는 수익은 불가하다. 명심하자.

3. 블록버스터 스타들의 저작권 매도 러쉬

팝가수 저스틴 팀버레이크는 2022년 자기 노래의 모든 권리를 힙노시스(Hipgnosis)라는 금융회사에 매각했다. 영국의 음악 재산권 사업회사인 힙노시스는 이미 닐 영, 리아나의 음악 재산권을 보유하고 있었다. 이 매각 딜의 상세 내용은 공개되지 않았지만, 힙노시스는 블랙스톤이라는 사모펀드(private equity)와 합작하여 저스틴 팀버레이크 음악에 대한 권리를 매수하고 관리하게 된다. 이 계약으로 저스틴 팀버레이크는 1억 달러 이상을 받은 것으로 알려졌다.

이뿐만이 아니다. 포크록의 전설 밥 딜런도 4억 달러 규모의 음악 재산권 전부를 2020년 12월 거대 제작사인 유니버설(Universal Music)에 매각했다. 2021년 12월 록 싱어 브루스 스프링스틴은 소니 뮤직에 자신의 모든 재산권을 5억 달러에 팔았다. 사이먼 앤 가펑클의 폴 사이먼, 샤키라, 테일러 스위프트, 스티브 닉스 등도 매도 행렬에 동참했다.

음악에 대한 권리는 크게 두 가지가 있다. 먼저, 작곡자와 작사자에게 부여되는 저작권이다. 우리가 지미 핸드릭스의 〈All Along the Watchtower〉를 스트리밍 서비스로 들을 때 모든 수수료를 지미 핸드릭스에게 지불하는 것은 아니다. 이 곡은 밥 딜런이 작곡했기 때문이다. 두 번째 권리는 음원의 실제 연주자에게 부여된 저작실연권과 음원 제작자에게 부여된 마스터권이다. 마스터권은 녹음된 음악 원본에 대한 권리로 완성된 음악을 복제하고 판매할 수 있는 권리다. 보통 뮤지션들은 제작사가 저작권을 갖는 조건으로 음원 출시 계약을 체결한다. 테일러 스위프트가 자신의 2019년 이전 곡들을 전부 재녹음한 것도 예전 곡들의 마스터권이 제작사에 있었기 때문이다.

최근 많은 블록버스터 뮤지션들이 음원에 대한 권리를 팔기 시작한 것은 코로나 팬데믹 확산으로 인한 라이브 공연 감소와 스트리밍 서비스 증가 때문으로 보인다. 1970년대 디스코 열풍으로 1980~1990년대 음반 산업에 황횡기가 오면서 브루스 스프링스턴, 마이클 잭슨, AC/DC, 핑크 플로이드 등이 자기들의 초기 앨범 저작권을 보유할 수 있었는데, 이제는 메이저 제작사들이 금융자본을 이용해 저작권을 다시 매수하고 있는 것 같다.

공모펀드와 사모펀드

'공모펀드'는 투자자가 주식, 채권 등의 자산을 직접 거래하지 않고, 금융회사가 위임받아 운용해주는 간접투자기구이다. 간접투자를 하는 이유는 개인 투자자들이 전문성이나 시간이 부족하기 때문이다. '사모펀드'도 간접투자 방식이지만 투자자들이 사적으로 모집된다는 특징이 있다. 주로 고액 자산가를 대상으로 하며 공모펀드에 비해 운용이 자유로워 고위험 고수익 전략을 구사하는 경향이 있다.

쉬·어·가·기

포크록의 전설: 밥 딜런, 비틀즈, 그리고 우리의 김광석

포크록은 포크와 록이 결합된 장르다. 포크는 특정 문화권의 민요 또는 민속 음악이며 어쿠스틱 악기로만 연주한다. 여기에 전기 장비를 이용한 일렉트릭 사운드와 록 리듬을 더한 음악이 포크록인데, 1960년대 밥 딜런과 비틀즈가 포크록을 개척했다. 비틀즈는 ⟨Yesterday⟩, ⟨Let it be⟩, ⟨Hey Jude⟩ 등 주옥같은 작품을 남겼고 1970년까지 활동했다. 이들의 음반은 역사상 가장 많이 팔린 음반 중 하나로 추정되고 있다.

밥 딜런은 미국 포크 음악을 계승하고 록으로 승화하여 미국 대중음악의 대표자로 칭송받는다. 특히 싱어송라이터인 밥 딜런의 음악은 노랫말에 담긴 정치, 사회, 철학, 문학적 의미 때문에 반전운동과 민권운동의 상징이 되었고 주류 문화나 관습에 대한 저항적 테마로 자리잡았다. 심지어 문학적 공로를 인정받아 2016년 노벨문학상을 수상했다.

　우리나라의 대표적인 포크록 뮤지션으로는 김광석을 떠올리게 된다. '노래하는 철학자'로 불렸던 그는 시적이고 서정적인 노랫말을 노래했고 통기타와 하모니카를 연주하여 어쿠스틱 사운드를 지향했다. 〈서른 즈음에〉는 2007년 음악 평론가들이 뽑은 '우리를 흔든 노랫말' 설문 조사에서 1위에 선정됐다. 김광석은 라이브 공연을 많이 했는데 대학로 소극장에서 1,000회 이상의 공연 기록을 세워 포크록 음악의 발전뿐만 아니라 소극장 공연 문화를 융성시키는 데에 공헌했다. 김광석이 지금 살아있다면 얼마나 많은 사람이 그의 아름다운 노랫말을 들었을까? 그가 31살이라는 젊은 나이에 요절한 것이 아쉬울 뿐이다.

4. 음악과 투자심리

　금융시장을 움직이는 가장 강력한 힘은 통화정책과 실물경제에 대한 기대다. 확장적 통화정책으로 유동성이 풍부해지면 투자자들의 자산구매 용의가 높아져 자산가격도 높아지는 경향이 있다. 주가는 기업가치의 척도이므로 실물경제에 대한 낙관이 팽배할 때 수가도 오르게 된다. 그런데 비경제적 요인들도 금융시장에 영향을 줄 수 있다는 연구가 꾸준히 발표되고 있어 흥미를 끌고 있다. 예를 들면 사회적 분위기를 반영하는 지표들이 주식시장과 연동되어 있다고 주장한 논문들이다. 바람과 일조량 같은 기후적 요인이 주가 수익률에 영향을 미친다고 한다. 날씨가 흐려지면 사람들이 우울해지고, 이 우울한 감정이 투자 결정에 영향을 주는 것으로 추정된다. 반면, 사람들이 직접 감정을 드러내는 지표를 조사한 연구도 있다. 주말 코미디 영화 예매율이 높을수록 주가 수익률은 낮아진다고 한다. 투자자가 코미디에 노출되면 흥분상태가 고조되고 자기 과신으로 이어져 과도한 위험을 부담하는 것이다.

경제학자들은 음악과 주식시장의 관계도 연구했다.[114] 주식시장의 변동성이 클 때 투자자들은 비트가 복잡한 음악보다는 비트가 단순한 음악을 선호한다고 한다. 반대로, 변동성이 낮은 시황이 도래하면 지루함 때문인지 투자자들은 비트가 복잡한 음악을 듣는다. 역시 인간의 심리와 경제적 행동이 무관하지 않다는 근거로 볼 수 있다.

심지어 투자자의 심리 척도를 음악에서 찾으려는 시도도 있다. 투자심리는 '인식이 가능한 사실에 기초하지 않은 미래현금흐름과 투자 위험에 대한 믿음'으로 정의되는데, 설문조사, 거래량, 가격 변동성 등의 시장지표로 측정한다. 기업가치가 일정한 상황에서 주식 거래량이나 가격이 급변하면 투자심리가 변했기 때문으로 볼 수 있기 때문이다. 기존 연구에 의하면 투자심리가 좋을 때 주가는 일시적으로 상승하지만, 심리가 안정되면서 가격도 내재가치(기업이 가지고 있는 본질적 가치) 수준으로 복귀한다. Spotify 미국 데이터를 조사한 한 연구는 음악 청취에 나타난 심리가 주식의 가격조정과 관련이 있다는 것을 발견했다.[115] 이 연구는 스트리밍 상위 200위 안에 든 곡들이 표현하는 감정을 행복, 경쾌, 황홀, 우울, 분노 등의 기준으로 낙관적 또는 비관적 감정의 곡들로 분류하고, 이 곡들의 스트리밍 데이터와 주가를 비교하였다. 분석 결과, 낙관적인 곡들의

---

114 Maymin, P. (2012), Music and the market: Song and stock volatility, The North American Journal of Economics and Finance, 23(1), 70–85.
115 Fernandez-Perez, A., Garel, A., & Indriawan, I. (2020), Music sentiment and stock returns, Economics Letters, 192, 109260.

청취가 늘면 주가가 오르고, 약 2일에서 7일 사이에 가격조정이 도래한다고 한다.

　이 연구들은 결과 그 자체로 호기심을 유발하지만, 중요한 시사점을 내포하고 있다. 경제학의 기본 가정은 경제 주체의 합리성이다. 투자자가 합리적이라면 심리가 가격 결정에 개입할 여지가 없다. 그러나 인간이 항상 합리적이라는 가정은 영구불변한 진리는 아니다. 예를 들어 우리는 쇼핑할 때 가끔 '힐링'이나 '자기애(愛)' 같은 핑계를 대면서 필요 없는 물건을 충동 구매하곤 한다. 나중에 후회할지언정 저지르고 보는 것이다. 이 때문에 '제한된 합리성'이라는 개념을 주장하는 경제학자들도 있다. 인간은 대체로 합리적이지만 간혹 비합리적일 때도 있다는 것이다. 금융 투자도 마찬가지다. 단순히 투자자들의 기분이 좋을 때 수요가 증가하여 주가가 오를 수 있다.

　이런 비합리성은 자산가격 거품의 주범으로 지적되기도 한다. 자산가격 거품은 우리 삶으로부터 요원한 현상이 아니다. 엄밀한 계량적 분석은 아니지만, [그림 33]을 보면 약간의 역사적 단서를 발견할 수 있다. 이 그림은 미국 S&P 주가 수익률과 장기 이자율의 역사적 추이를 나타낸 그래프다. 이자율이 높을수록 자본조달 비용이 올라가기 때문에 주가와 이자율은 역의 상관관계를 가지고 있다. 이러한 관계는 자료 기간에 전체적으로 나타난다. 주가 수익률은 주가를 기업의 이익으로 나눈 값으로 주가가 기업가치 대비 정당하게 평가되어 있는지 판단하는 지표 중 하나다. 보수적으로 보더라도 주가는 1929년과 2000년에 과도하게 올랐다. 1929년 대공황 직전과 '닷컴버블'로 불리는 이 두 사건은 역사 상 대표적인 자산 거품으로 붕괴 과정에서 경제에 큰 타격을 주었다. 자료 부족으로 그림에 표시하지 않았지만, 코로나 경기 침체에 대응한 확장적 통화정책으로 초래된 2021년 주가 상승도 또 하나의 거품으로 기록될 것 같다.

　그러나 인간이 최소한 제한적으로 합리적이라면 이 비합리성은 항구적

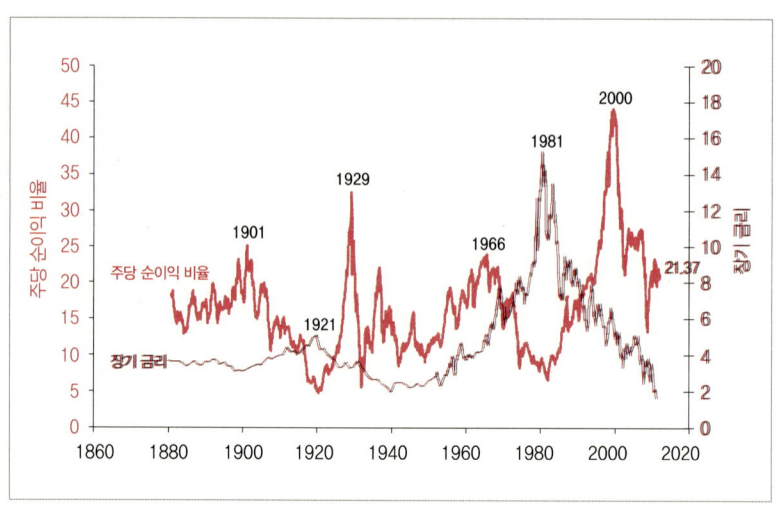

[그림 33] 미국 S&P 주가 수익률(주당 순이익 비율)과 장기 금리의 역사적 추이(1860-2020)
(출처: Shiller, R. J. (2015), Irrational exuberance. In irrational exuberance. Princeton university press, 저자 가공)

으로 지속될 수 없다. 조정 속도의 문제일 뿐이지, 가격은 조정된다. 예컨대 상술한 연구는 긍정적인 감정이 시장에 확산된 후 주가가 2일에서 7일 사이에 조정되는 현상을 발견함으로써 비합리성이 소멸하는 현상을 확인한 셈이다.

행동 경제학

주류 경제학은 경제 주체의 합리성을 바탕으로 경제 모형을 활용했다. 이러한 기본적 가정에 의문을 가지며 시작된 '행동 경제학(behavioral economics)'은 경제 주체의 합리성이 제한적이라는 관찰에 기인하여 기존의 경제학으로 설명되지 않는 경제 현상들을 분석하여 해결 방안을 도출하는 경향을 가진다. 행동 경제학은 기존의 경제학뿐만 아니라 심리학·

신경과학 등의 학문을 통해 경제 주체의 의사결정이 문화, 사회, 감정, 인지, 심리 등의 요소에 영향을 받는 방식과 그것이 주류 경제학의 결론과 다른 점을 탐구한다.

제한된 합리성

허버트 사이먼(Herbert Simon)은 미국의 경영학자로, 1978년 노벨 경제학상을 수상한 인물이다. 그는 경제학뿐만 아니라 심리학, 인지과학, 컴퓨터 과학 등 다양한 분야에서 이름을 알린 학자이다. 허버트 사이먼은 경제학에서 '제한된 합리성(Bounded Rationality)' 모델을 제시한 것으로 유명하다. 이 모델은 경제 주체들의 의사결정과정에서 합리적인 판단이 이뤄지지 않으며, 정보에 대한 제약이 있음을 주장한다. 사이먼은 경제 주체들이 모든 가능성을 고려하거나 최적의 결정을 내리는 대신, 제한된 정보와 시간 내에서 충분히 합리적인 결정을 하는 경향을 보이고 있다고 생각했다.

사이먼은 이 제한된 합리성 모델을 통해 경제적 의사결정을 설명하고, 이를 기반으로 경제학의 전통적인 가정들을 비판하였다. 그는 경제 주체들이 완벽한 정보와 계산 능력을 가지고 있지 않기 때문에 실제 세계의 경제 현상을 이해하려면 이러한 제한된 합리성을 고려해야 한다고 주장하였다. 그가 제시한 제한된 합리성 모델은 경제학뿐만 아니라 조직 이론, 의사결정 이론 등 다양한 분야에 영향을 주었다.

chapter
08

음악과 개방경제

1. 우리는 해외 음악에 종속되어 있을까?

우리는 전 세계 음악을 자유롭게 소비하고 있다. 통신기술 발달과 시장 통합으로 아무런 장애 없이 지구 반대편에서 제작된 음악을 들을 수 있다. 음악 시장 글로벌화에 자유무역 제도도 상당한 역할을 했다. 자유무역은 2차 세계대전 이후 다국가들이 참여하고 있는 관세 무역 일반 협정(GATT, General Agreement on Tariffs and Trade), 세계무역기구(WTO, World Trade Organization) 창설, 국가 간 자유무역협정(FTA, Free Trade Agreement) 등의 형태로 제도화되었다. 이 제도들의 기본적 취지는 재화와 서비스의 자유로운 거래이다.

그러나 문화상품에 대해서는 많은 국가가 보호무역주의적 입장을 취해왔다. 미국 같은 경제 대국의 문화상품이 소규모 국가로 수입되면 수입국의 민족성이 침해받을 것이라는 민족주의적 반발이 있었다. 또는 문화적 다양성을 위해 자국 예술시장을 보호해야 한다는 주장도 지속적으로 제기되었다. 실제로 1947년 GATT 협정은 유럽 국가들이 미국산 영화에 대해 수입 할당제를 채택하는 것을 허용했으며, 이후 일부 유럽 국가들은 음악을 포함한 자국 문화사업자들에 보조금을 지급하기도 했다. 우리나라도 영화관이나 영화 전문 채널에서 한국 영화를 1년에 특정일 이상 의무 상영(또는 방영)해야 하는 의무상영제를 실시하고 있다. 지금은 이 제도가 처음 도입된 1966년에 비해 의무 상영일이 많이 줄었지만, 우리나라에도 여전히 문화상품에 대한 보호무역 조치가 남아있다.

미국 문화상품에 대한 적대감이나 공포가 전혀 근거 없는 우려는 아니다. 미국은 전 세계 음악 수출의 약 40%를 차지하고 있고, 각종 음원 순위 상위권에 자리 잡은 대부분의 뮤지션들이 미국인이다. 그렇다면 문화상품 보호주의는 타당한 것일까? 이에 대해 실증 근거를 제시한 연구가 있다.[116] 이 연구는 22개 국가의 경제 데이터와 음원 순위 데이터를 이용해 음악 수요 함수를 추정하였다. 결과는 다음과 같다. 첫째, 글로벌 음악시장에서 미국의 압도적 지위는 나타나지 않았다. [그림 34]에 보면, 음악 무역은 국가의 GDP, 즉 경제 규모와 비례하고, 오히려 영국과 스웨덴이 경제 규모에 비해 미국보다 더 큰 수출국이다. 둘째, 보통의 교역품과 다를 바 없이 음악 거래도 위치가 가까운 나라나 공용어를 쓰는 나라 간에 더 활발하다. 셋째, 음악 수요는 '자국편중(home bias)' 현상이 강하다. 소비자들은 수입 음악보다 자국 음악을 10배 이상 더 소비하는 것으로 나타났다. 자국 음악에 대한 선호도는 1980년대 50%에서 2000년대 70%로 증가하기도 했다. [그림 35]은 이 연구가 추정한 수요의 거리탄력성이다. 거리에 대한 탄력성은 일정하게 음(-)수로 추정되었다. 국가 간 거리가 멀수록 수입음악 수요는 감소한다는 뜻이다. 공용어에 대한 탄력성은 양(+)수지만, 1960년대부터 추세가 점차 감소하여 공용어를 쓸수록

---

116 Ferreira, F., & Waldfogel, J. (2013). Pop internationalism: Has half a century of world music trade displaced local culture?. The economic journal, 123(569), 634-664.

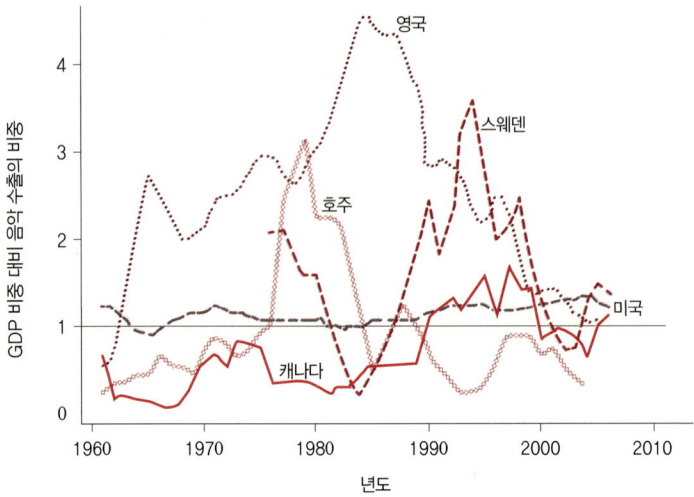

[그림 34] 국가별 GDP 비중 대비 음악 수출의 비중 (출처: Ferreira, F., & Waldfogel, J. (2013), Pop internationalism: Has half a century of world music trade displaced local culture?, The economic journal, 123(569), 634-664, 저자 가공)

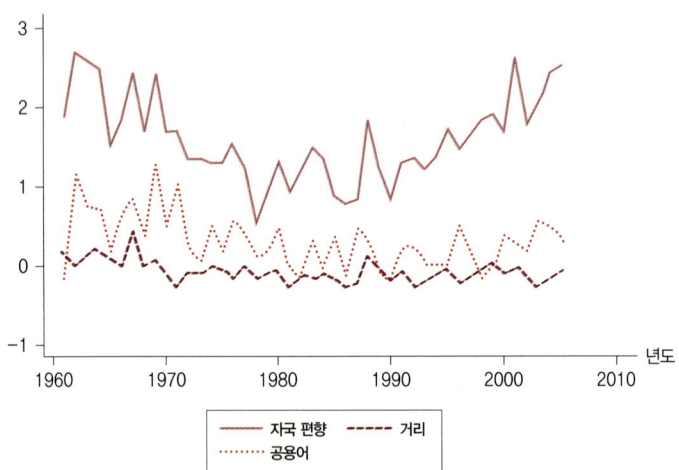

[그림 35] 수요 탄력성 측정을 통한 음악 수요의 자국 편중도 추이 (출처: Ferreira, F., & Waldfogel, J. (2013), Pop internationalism: Has half a century of world music trade displaced local culture?, The economic journal, 123(569), 634-664, 저자 가공)

수입음악 수요가 증가하는 정도가 낮아지고 있음을 확인할 수 있다. 공용어가 중요한 수요 결정 요인이지만 1960년대만큼 중요하지는 않다는 의미다. 자국 편중도는 1980년대 저점을 찍고 급증했다. 넷째, 자국 음악의 라디오 방송 할당제 같은 보호무역 조치는 자국 음악에 대한 선호와 무관하게 나타나 보호무역의 음악 소비 효과는 확인되지 않았다. 일반적으로 재화와 서비스 수입을 제한하면 자국 내 상품가격만 증가해 소비자 후생이 감소하는데, 음악 시장의 보호무역 조치는 자국 상품의 소비도 증진하지 못하는 최악의 결과로 이어진다는 것이다.

보통 관세, 운송비용 등 거래비용이 낮아지면 교역이 활발해지고 상품을 싸게 생산할 수 있는 국가의 수출이 올라간다. 그런데 이 연구 결과에 의하면, 인터넷 같은 통신기술의 발전으로 거래의 용이성이 높아졌음에도 불구하고 음악 소비는 상당히 지역화(Regionalization) 되어 있다. 과학적 근거 없이 민족성이나 문화적 다양성에 기대어 보호무역을 주장할 필요는 없을 듯 하다.

비교우위

지구상 절대다수의 국가는 개방경제 제도를 채택하고 있다. 단순하게 말해서 개방경제는 재화와 서비스가 국경을 넘어 자유롭게 거래되고, 자본 이동에 제약이 없는 상태를 뜻한다. 개방경제 제도에 관한 경제학 연구는 국가 간 상품거래에 대한 '국제무역'과 자본의 이동을 연구하는 '국제금융'으로 구성되어 있다. 국제무역이 지속적으로 확대되어 온 것은 무역이 거래 당사자들 모두에게 이익을 가져다주기 때문이다.

무역의 본질은 생산성에 근거한 '비교우위'로 설명된다. 예를 들어 한국과 중국 두 나라 모두 반도체와 옷을 생산한다고 하자. 그리고 한국과 중국의 생산성이 달라서, 한국에서는 반도체 한 개와 옷 한 벌을 생산하는 데에 각각 한 명의 노동자가 필요하지만, 중국에서는 반도체 한 개 생산에 네 명, 옷 한 벌을 생산하는 데 두 명이 필요하다고 가정하자. 이 경우 한국 시장에서는 반도체 한 개와 옷 한 벌 간 등가가 성립하게 된다. 반도체 한 개의 가치는 노동자 한 명의 노동력과 같다고 볼 수 있고, 옷 한 벌의 가치도 노동자 한 명의 노동력이기 때문이다. 반면, 중국에서는 반도체 한 개를 생산하기 위해 노동자 네 명을 투입하면 옷 두 벌은 포기해야 한다. 따라서, 중국에서 반도체 한(반) 개는 옷 두(한) 벌의 가치를 가진다.

한국: 반도체 한 개 = 옷 한 벌
중국: 반도체 한 개 = 옷 두 벌 (또는, 반도체 반 개 = 옷 한 벌)

한국이 두 재화 모두 더 적은 인력으로 생산할 수 있기 때문에 중국 반도체나 옷을 살 이유가 없을 것 같지만, 두 나라의 반도체와 옷 가격을 비교해보면 얘기가 달라진다. 한국에서 반도체 한 개는 옷 한 벌의 가치와 같고, 중국에서 반도체 한 개는 옷 두 벌 값과 같다. 바꿔 말하면 한국에서는 반도체 한 개를 사기 위해 옷 한 벌을 주어야 하고, 중국에서는 반도체 한 개를 위해 옷 두 벌을 지불해야 한다. 한국 반도체가 중국 반도체보다 싸므로 한국은 반도체에 비교우위가 있다.

반대로 옷 한 벌을 사기 위해 한국에서는 반도체 한 개를 내주어야 하고, 중국에서는 반도체 반 개만 지불하면 되므로 중국은 옷에 비교우위가 있다. 이렇게 재화의 가격이 다른 국가에 비하여 상대적으로 쌀 때 비교우위가 발생한다. 한국은 반도체를 전문화 하고, 중국은 옷을 전문화 하여 서로 거래한다면, 한국은 반도체를 중국 옷과 교환하여 옷을 싸게 살 수 있고 중국은 반도체를 싸게 살 수 있어 '윈-윈(win-win)'이 된다. 이것이 국제무역의 호혜적 이익이다.

2. 외환 거래를 할 때 우울한 음악을 듣자

스트리밍 음악은 불특정 다수가 듣기 때문에 시장참여자의 심리를 얼마나 정확히 반영하는지 분명하지 않다. 이번 장에서는 음악을 심리 조성 수단으로 이용하여 심리가 투자 성과에 어떤 영향을 주는지를 실험한 연구를 소개하고자 한다.

이 연구는 즐거운 기분, 중립적 기분, 불편한 기분이 드는 음악을 실험 대상자에게 들려주고, 실험 대상자들이 외환 거래에 얼마나 좋은 성과를 내는지 관찰하였다.[117] 즐거운 기분은 색소포니스트 케니지(Kenny G)의 〈Moment〉 청취로 유발하였고, 불편한 기분은 러시아 출신 클래식 작곡가 이고르 스트라빈스키(Igor Stravinsky)의 〈The Rite of Spring〉으로 조성하였다. 〈Moment〉는 희망적인 멜로디를 갖고 있어 광고나 영화 음악으로 자주 이용된다. 반면, 〈The Rite of Spring〉은 선율이 난해하고 야만적이라는 평가를 받을 정도로 논쟁적인 작품이다. 1913년 공연 중 관중석에 싸움이 일어났을 정도로 청취자가 스트레스를 받는 곡으로 알려져 있다. 아무 음악도 듣지 않은 대상자는 중립적인 기분으로 분류하였다. 실험 대상자는 기본적인 경제학 지식이 있는 경제학 전공 대학생들로 선정했다. 외환 거래에 앞서 실험 대상자들에게 거시경제 상황에 대한 정보, 유수 투자은행의 이코노미스트들이 작성한 보고서 등 거래에 필요한 정보를 제공하고 이같은 정보를 올바르게 해석해 거래에 반영하는지 확인하였다.

실험 결과 불편한 음악을 들은 참여자들의 수익률이 희망적인 음악을 들은 참여자들보다 높게 나타났다. 환율에 대한 정보를 정확하게 해석하는 능력도 불편한 음악을 들은 거래자가 우수했다. 시장참여자들은 기분

---

117 Au, K., Chan, F., Wang, D., & Vertinsky, I. (2003), Mood in foreign exchange trading: Cognitive processes and performance, Organizational Behavior and Human Decision Processes, 91(2), 322-338.

이 좋을 때 자기 과신과 무모함에 빠져 통제력을 잃고 부정확한 의사결정을 하지만, 마음이 불편한 참여자들은 통제력을 유지한다고 한다. 물론, 실험 대상자들은 실험이 반복될수록 기분과 무관하게 자기 실수를 교정해 나갈 가능성이 크다. 이 연구는 음악을 이용한 실험이라는 점을 넘어서 투자자들의 심리 때문에 단기적으로 금융시장의 거품이나 자산가격의 과도한 폭락이 발생할 수 있음을 시사하는 또 하나의 예다.

외환 시장

외환 시장은 각 나라의 통화가 거래되는 곳인데, 특정한 장소라기보다 전산시스템을 통해 거래되는 주식시장처럼 외환 거래와 관련한 일련의 메커니즘이다. 외환 시장에서 우리나라 통화인 '원(₩)'이나, 미국 통화인 '달러($)', 유럽연합의 통화인 '유로(€)' 등의 가격은 자국 통화 대 상대국 통화의 비율로 표시한다. 예를 들어 미 달러 환율이 1,200원이라는 것은 미국 통화 1달러가 한화 1,200원에 거래되고 있다는 뜻이다. 거꾸로 한화 1원을 미국 달러로 표시할 수도 있는데, 환율의 외화 표시 또는 자국 통화 표시는 국가의 관행에 따라 다르다.

경제학자들의 오랜 연구에 의하면 환율은 주가만큼 예측이 불가한 것으로 알려져 있다. 외환을 싸게 사서 비싸게 팔기 어렵다는 말이다. 환율을 결정하는 주요 요인 중 하나는 국가 간 이자율 차이다. 미국의 이자율이 한국보다 높으면 미국에 투자하는 것이 유리하기 때문에 국제자본이 미국으로 이동하는데, 이 과정에서 원화 수요는 약해지고 미 달러 수요는 강해진다. 한마디로 투자자들이 미국에 투자하기 위해 한국에 원화로 가지고 있던 돈을 미 달러로 바꾼다는 뜻이다.

이자율은 각국 중앙은행의 통화정책에 의해 결정되는데, 중앙은행은 물가, 고용, 경기 등의 전망을 종합적으로 판단하여 이자율을 변경하므로 이자율의 변화는 예측이 어렵다. 거시경제 상황은 항상 물가, 고용, 경기 등의 불확실성을 내포하고 있기 때문이다.

저자 약력

지인엽

　지인엽 교수는 Latrobe University에서 법학사를 취득하고 서강대학교에서 경제학사를 취득했다. 경제학을 더 공부하기 위해 University of Sydney 경제학 석사 과정에 진학한 후 University of New South Wales에서 경제학 박사를 받았다. Monash University 재무학과 교수를 역임했고 Australian National University 로스쿨과 법무법인 광장 인턴을 거쳐 변호사(호주) 자격을 취득했다. 유년기부터 피아노를 배웠고 음악에 흥미가 깊어져 Seoul Jazz Academy에서 기타를 공부했다. 현재 동국대학교 경제학과에서 음악경제, 금융경제, 법경제를 가르치고 있으며 재즈, 블루스, 멜로딕 록, 발라드 연주에 관심이 많다.

동국대학교 저서출판 지원사업 선정도서
이 저서는 2022년도 동국대학교 연구비 지원을 받아 수행된 연구결과물임. (S-2022-G0001-00130)
This work was supported by the Dongguk University Research Fund of 2022. (S-2022-G0001-00130)

뮤직코노믹스

2023년 9월 4일 초판 1쇄 인쇄
2024년 12월 31일 초판 3쇄 발행

지은이 지인엽
발행인 박기련
발행처 동국대학교출판부

출판등록 제1973-000004호(1973.6.28)
주소 04626 서울시 중구 퇴계로36길2 신관1층 105호
전화 02-2264-4714
팩스 02-2268-7851
홈페이지 https://dgpress.dongguk.edu/
이메일 abook@jeongjincorp.com
인쇄 신도인쇄

ISBN 978-89-7801-058-0 (03320)

값 15,000원

이 책의 무단 전재나 복제 행위는 저작권법 제98조에 따라 처벌 받게 됩니다.